W0057522

**Unverkäufliches
und unkorrigiertes Leseexemplar**

ca. 7,95 €
Voraussichtlicher Erscheinungstermin: 8.4.2009
Wir bitten Sie, Rezensionen
nicht vor dem Erscheinungstermin zu veröffentlichen.
Wir danken für Ihr Verständnis.

Wenn Sie Juden bisher nur aus ZDF-Geschichtsdokus (mit schwarzen Hüten und langen Bärten), Nahostnachrichten (mit Uzi-Maschinenpistole) oder aus Woody-Allen-Filmen (mit zahllosen Neurosen) kannten, werden Sie bei Ihrer ersten Begegnung mit einem leibhaftigen Juden vielleicht enttäuscht sein: Eigentlich wirkt er ganz normal.

Der koschere Knigge zeigt Ihnen, wie Sie trotzdem ins Gespräch kommen, mit welchen Fragen Sie vielleicht bis nach dem zweiten Bier warten sollten, warum Juden nicht ständig Klezmermusik hören und ob der Sex in jüdischen Betten besser ist.

Michael Wuliger räumt ironisch auf mit gut gemeinten Klischees und gibt praktische Handreichungen für den deutsch-jüdischen Umgang in allen Lebenslagen.

Michael Jonathan Wuliger wurde 1951 in London geboren, wuchs in Wiesbaden auf und lebt heute in Berlin als Feuilletonredakteur der »Jüdischen Allgemeinen«. Er geht so gut wie nie in die Synagoge, isst gern Serrano-Schinken und hört lieber Georges Brassens als Giora Feidman. Sein jüdisches Idol ist Krusty der Clown aus der TV-Serie »Simpsons«.

Die Illustratorin *Ruth Lewinsky* lebt in Zürich, wo sie auch als Craniosakral-Therapeutin arbeitet.

Unsere Adresse im Internet: www.fischerverlage.de

Michael Wuliger

Der koschere Knigge

Trittsicher durch die
deutsch-jüdischen Fettnäpfchen

Mit Illustrationen von Ruth Lewinsky

Fischer Taschenbuch Verlag

Originalausgabe

Veröffentlicht im Fischer Taschenbuch Verlag,
einem Unternehmen der S. Fischer Verlag GmbH,
Frankfurt am Main, Mai 2009

Satz: Pinkuin Satz und Datentechnik, Berlin
Druck und Bindung: CPI – Clausen & Bosse, Leck
Printed in Germany
ISBN 978-3-596-18251-0

Inhalt

Vorbemerkung: Dieses Buch hat noch gefehlt

Über deutsch-jüdische Verständigung sind schon Hunderte Bücher geschrieben worden: »Gesammelte Studien zur Theatergeschichte des deutsch-jüdischen Verhältnisses« etwa, »Jüdische Kassenärzte rund um die Synagoge« oder »Deutsch-jüdische Geschichte und Hirnforschung«. Aber keines dieser sicherlich verdienstvollen Druckwerke hat Gebrauchswert für den Alltag. Die wesentliche Frage wird dort nicht angesprochen: Wie verhalte ich mich, wenn ich am Arbeitsplatz, bei einer Party oder im Tennisclub einen Juden persönlich kennenlerne?

Das kann schneller passieren, als Sie denken. Zwar leben in Deutschland nicht, wie laut einer Umfrage die meisten Bundesbürger glauben, bis zu 5 Millionen Kinder Israels. Es sind nur rund 200 000. Doch auch damit steht die Chance, einem von ihnen leibhaftig zu begegnen, statistisch immerhin bei 1:400 – doppelt so hoch wie ein Dreier mit Zusatzzahl im Lotto. Schon morgen könnte Ihnen ein Jude über den Weg laufen. Für diesen Fall ist dieser kleine Band gedacht. Tragen Sie ihn immer bei sich.

P. S. Den jüdischen Lesern, die das Buch nur gekauft haben, um zu erfahren, was hier mal wieder alles falsch dargestellt wird, sei versichert: Ihre Gemeinde ist nicht gemeint. Dort geht es selbstverständlich anders zu.

1.

Darf man »Jude« sagen?
Tipps für das erste Kennenlernen

Juden kannten Sie bisher nur von »Stern«-Titelbildern, aus ZDF-Geschichtsdokus oder Woody-Allen-Filmen. Herr Blumberg, der Ihnen bei der Geburtstagsparty eines Kollegen vorgestellt wird und vom Gastgeber vorher bereits avisiert wurde (»Er ist Jude, aber sehr nett«), wird Sie deshalb möglicherweise enttäuschen. Er trägt weder einen schwarzen Hut noch Schläfenlocken. Wenn er einen Bart hat, dann in der modischen Drei-Tage-Variante. Er spricht Hochdeutsch ohne jiddischen Akzent. Eine Uzi hat er auch nicht umgeschnallt. Eigentlich wirkt er ganz normal.

Lassen Sie sich Ihre Überraschung nicht anmerken. »Sie sehen gar nicht so aus«, ist kein guter Gesprächseinstieg. »Ich wollte immer schon mal einen Juden kennenlernen« auch nicht. Am besten, Sie schneiden das Thema zunächst überhaupt nicht an. Selbst wenn Sie seit Jahren darauf brennen, zu erfahren, ob fromme Juden ihre Kopfbedeckung auch beim Duschen anbehalten und ob man am Sabbat wenigstens die Klospülung betätigen darf: Beim allerersten Kennenlernen empfehlen sich als Eisbrecher zunächst unverfängliche Themen wie Jugendkriminalität, Bahnverspätungen und Erderwärmung. Ihr jüdisches Gegenüber wird das zu schätzen wissen. Er hat schließlich noch andere Eigenschaften und Interessen. Das Judentum kann warten bis nach dem dritten Bier.

Wenn Sie Ihre Neugier dann nicht länger zügeln können und mehr oder minder elegant die Unterhaltung auf das Thema übergeleitet haben (»Blumberg heißen Sie: Wie der jüdische Nobelpreisträger für Medizin 1976?«), zeigen Sie weiter Fingerspitzengefühl. Im deutsch-jüdischen Dialog kommt es leider immer wieder zu Fauxpas, die man mit genügend Wissen und Sensibilität vermeiden kann. Hier ein paar erste Tipps:

• Sie dürfen ruhig »Jude« sagen. Das Wort an sich ist nicht beleidigend, auch wenn es vielen Deutschen immer noch schwer von der Zunge geht. Ein Ersatzbegriff wie »Sinti und Roma« bei den Zigeunern ist leider noch nicht gefunden worden. Hilfsweise wird deshalb gerne statt des Nomens das Adjektiv verwendet, kombiniert mit unverfänglichen Hauptwörtern. Allerdings haben Ausdrücke wie »jüdischer Herkunft«, »jüdischen Glaubens«, »Kind jüdischer Eltern« oder »in einer jüdischen Familie aufgewachsen« eine etwas komplizierte Metrik, bei der Sie leicht ins Stottern kommen können. Falls Sie übrigens taubstumm, pardon, sprech- und hörbehindert sein sollten: Das traditionelle Zeichen für Jude in der Gebärdensprache – eine per Zeigefinger nachgemachte krumme Nase – ist mittlerweile nicht mehr politisch korrekt. Stattdessen wird die Hand vom Kinn auf die Brust gezogen, Symbol für den Bart, den fromme Juden tragen.

- Judentum ist keine Frage der Bruchrechnung. Wenn Sie einen Juden kennenlernen, fragen Sie ihn nicht als Erstes, ob er »Volljude« ist. Selbst wenn zehn Prozent aller Deutschen jüdische Vorfahren haben (es stand in »Bild am Sonntag«, muss also stimmen): Verweisen Sie nicht gleich am Anfang des Gesprächs auf eine Großtante namens Sarah, die Sie möglicherweise zu einem »Sechsteljuden« macht. Falls Sie es doch tun, erwarten Sie bitte nicht, dass Ihr jüdischer Gesprächspartner deshalb sofort mit Ihnen Brüderschaft trinkt.

- Erzählen Sie keine jüdischen Witze. Erstens besteht dabei das Risiko, dass Sie, einmal in Schwung gekommen, statt jüdischer Witze Judenwitze erzählen. Das trübt die Stimmung. Zweitens laufen Sie Gefahr, Ihren Gesprächspartner zu langweilen: Der kennt die Witze nämlich alle schon – und besser erzählt.

- Nicht alle Juden sind reich. Statistisch betrachtet ist der Wohlstand unter ihnen genauso ungleich verteilt wie beim Rest der Bevölkerung. Deshalb sollten Sie bei einer Diskussion über die Auswirkungen von Hartz IV einem anwesenden Juden nicht freundlich auf die Schulter klopfen und sagen: »Aber Sie betrifft das ja zum Glück nicht!«

- Falls Ihr Gegenüber, ob weiblich oder männlich, ein Goldkettchen um den Hals mit einem klassischen jüdischen Symbol trägt, bezeichnen Sie dieses bitte nicht als »Judenstern«. Es heißt »Davidstern«. Der andere Begriff weckt unangenehme Erinnerungen. Außerdem wurde der Judenstern nicht um den Hals, sondern auf der Brust getragen.

- Da wir gerade bei sprachlichen Feinheiten sind: Wenn die Rede von Gotteshäusern ist, sprechen Sie bitte nicht doppelt gemoppelt von »jüdischen Synagogen«. Es gibt keine anderen.

- Verbreiteten Klischees zum Trotz sind die meisten Kinder Israels genauso dumm wie das Gros der übrigen Menschheit. Die Chancen, dass Ihr Gesprächspartner, weil Jude, Experte für die Frankfurter Schule ist, weil von denen ja auch viele Juden waren, sind relativ gering. Wahrscheinlicher ist, dass er Adorno für einen italienischen Rotwein hält.

- Aus der Tatsache, dass Juden 2000 Jahre lang verfolgt wurden, ergibt sich nicht automatisch, dass Ungerechtigkeiten aller Art ihr beliebtester Gesprächsstoff sind. Vermeiden Sie deshalb möglichst, Ihr derzeitiges brennendstes Anliegen – seien es Atommülltransporte, Robbenbabys oder die Lage in Tibet – einem jüdischen Gesprächspartner mit den Worten nahezubringen: »Gerade Sie als Jude sollten doch verstehen …«

- Und schließlich müssen Sie, wenn Sie Ihren neuen jüdischen Bekannten ein paar Tage später beim Einkaufen im Supermarkt zufällig wiedersehen, ihn nicht zwingend mit »Schalom« begrüßen. Ein freundliches »Guten Tag« reicht völlig aus.

2.

Der allzu nahe Osten:
Immer Ärger mit Israel

Die Fettnäpfchen hätten wir abgehakt. Jetzt kommen die Minen-
felder. Eines davon liegt auf 31 Grad nördlicher Breite, 35 Grad
östlicher Länge. Es ist mit 22 145 Quadratkilometern knapp
größer als Hessen, macht aber wesentlich mehr Schlagzeilen:
Israel. Mit kaum einem anderen Thema können Sie so schnell
so viele atmosphärische Störungen in der Kommunikation her-
vorrufen.

Das fängt schon bei der Herkunft Ihres jüdischen Gesprächs-
partners an. Merke: Nicht alle Juden sind Israelis. Sagen Sie also
nicht, wenn es um den gegenwärtigen israelischen Regierungs-
chef geht: »Ihr Ministerpräsident«. Herr Blumberg ist, wie Sie,
als deutscher Staatsbürger Frau Merkel untertan. Darauf legt er
großen Wert. Schließlich wohnt er nicht in Galiläa, sondern im
Ruhrgebiet. Hier ist er aufgewachsen und zur Schule gegangen,
hier steht seine Doppelhaushälfte, hier fühlt er sich daheim.

Dass in Deutschland die Einkommen höher sind als in Israel, die Umgangsformen weniger ruppig und die Nachbarvölker umgänglicher, hat damit natürlich rein gar nichts zu tun. Als junger Mann hatte Blumberg sogar einmal überlegt, nach Israel zu übersiedeln. Aber das heiße Klima dort verträgt er gesundheitlich nicht. Außerdem wäre sein deutsches Vordiplom an der Universität Tel Aviv nicht anerkannt worden. Er wollte auch seine Eltern nicht allein lassen. Der Mutter ging es damals nicht so gut; sie lag im Krankenhaus. Und der Vater brauchte dringend Hilfe im Familienunternehmen. So ist Blumbergs Zionismus touristischer Natur geblieben: Er macht, wenn es in Deutschland im Dezember kalt ist, regelmäßig Urlaub im sonnigen Eilat am Roten Meer.

Darüber unterhält Ihr jüdischer Gesprächspartner sich auch gerne mit Ihnen. Weniger lieb sind ihm politische Debatten über den Nahostkonflikt. Zumal er mit Palästinensern persönlich keine Probleme hat. Der Physiotherapeut, der regelmäßig Blumbergs Bandscheiben behandelt, ist auch einer. Netter Mensch. Heißt Tarik, wohnt seit zwanzig Jahren in Deutschland und ist längst eingebürgert. Vor zwei Jahren war Tarik mit seinem deutschen Pass sogar mal in Israel, um sich das Haus in Haifa anzuschauen, in dem seine Großeltern früher lebten. Als er es fotografieren wollte, schaute eine Israelin aus dem Fenster und fragte ihn, was er da mache. »Das Haus hat meiner Familie gehört«, sagte Tarik. »Aha«, sagte die Frau. »Also die Wasserleitungen, die Sie hier eingebaut haben, sind völlig marode.« Blumberg und Tarik haben herzlich gelacht.

Bei Deutschen ist das anders. Die werden immer gleich grundsätzlich. Nichts nervt Blumberg mehr, als in Bekenntniszwang gebracht zu werden, wenn die israelische Armee gerade mal wieder Gaza bombardiert hat, ein Minister in Jerusalem wegen Korruption verhaftet wurde oder am Sabbat Ultraorthodoxe Steine auf Autofahrer werfen. Abends meldet es die Tagesschau, am nächsten Morgen im Büro, kaum hat Blumberg seinen Mantel aufgehängt, fragt auch schon ein Kollege: »Was ist denn bei Euch schon wieder los?«

Dasselbe hatte Blumberg selbst zwar auch zu seiner Frau gesagt: »Was bauen die schon wieder für Mist?« Aber da war man unter sich. Jetzt aber greift der Solidaritätsreflex: Wie bei Pawlows Hunden, denen, wenn sie eine Glocke hörten, sofort der Sabber aus dem Maul troff, gehen Diasporajuden, wenn Kritik an Israel laut wird, unwillkürlich in Abwehrstellung. Man möchte schließlich nicht, dass ein – tatsächlicher oder auch nur

vermeintlicher – Feind Israels abends am Stammtisch triumphierend sagen kann: »Sogar Blumberg bei uns in der Firma distanziert sich. Und der ist selbst Jude.«

Also wird gerechtfertigt und relativiert, was man selbst bescheuert, ja katastrophal findet. Erst auf die pädagogisch-argumentative Tour: Israel ist von mörderischen Feinden umgeben und muss sich verteidigen; korrupt sind Politiker in anderen Ländern auch; man darf nicht alle Orthodoxen über einen Kamm scheren. Verfängt das nicht, wird der Ton automatisch schärfer. Rhetorische Gegenfragen werden gestellt, um dem Kollegen selektive Wahrnehmung nachzuweisen: Warum er sich über zwölf tote Araber in Gaza aufregt, aber noch nie ein Wort über Hunderttausend Tote in Darfur verloren hat? Korruption: Wie war das nochmal mit Siemens? Und Zeugen Jehovas wie Frau Bell aus der Buchhaltung spinnen ja wohl genauso wie die Ultraorthodoxen! Von da ist es dann nicht mehr weit bis zum finalen Totschlagargument: Der Fragesteller ist Antisemit! Dass er das vehement abstreitet, ist nur der schlagendste Beweis dafür. Bestenfalls ist ihm nicht bewusst, welche judenfeindlichen Affekte er aufgrund 2000 Jahre abendländischer Geschichte mit sich herumschleppt. Von seiner familiären Sozialisation ganz zu schweigen. Wir sind schließlich in Deutschland: »Was hat Ihr (Groß-)Vater eigentlich im Krieg gemacht?« An dieser Stelle endet in der Regel die Unterhaltung. Das kollegiale Einvernehmen meist auch. Immerhin, ein Gutes hat das Ganze: Auf Israel wird Blumberg im Büro mit Sicherheit nie wieder angesprochen werden.

Wenn Ihnen das in einer Diskussion mit Juden auch schon einmal passiert ist, wird es Sie trösten, dass die gelegentlich genauso einstecken müssen. Dann nämlich, wenn sie Israel besuchen. Hier, denkt Herr Blumberg, kann er die Vorbehalte, die er daheim aus Solidarität glaubt, verschweigen zu müssen, endlich offen ansprechen. Denkste. Die meisten Israelis reagieren auf Kritik von Diasporajuden haargenau wie diese auf Anwürfe von Gojim. Cousin Reuven, der gerade von seiner jährlichen vierwöchigen Wehrübung in der Negevwüste kommt, erklärt knapp, dass er Leuten keine Rechenschaft schuldet, die fernab vom Schuss bequem im Sessel sitzen, während er und seine Kameraden ihre Köpfe hinhalten. Gattin Zippora sekundiert: Blumbergs haben keine Ahnung, was im Nahen Osten wirklich los ist, weil sie ihr Wissen nur aus gojischen Medien beziehen. Und Onkel Dan setzt einen drauf mit der inzwischen schon in dritter Generation formulierten Anklage: »Überhaupt: Wie kannst du nur ausgerechnet in Deutschland leben?«

In dem Moment passiert etwas Seltsames: Derselbe Solidaritätsreflex wie zu Hause meldet sich – nur diesmal zugunsten der Bundesrepublik. Plötzlich hört Blumberg sich Sätze sagen, die er daheim keinem durchgehen lassen würde: Neonazis? Gibt es in anderen Ländern auch. Sogar in Israel. Manche eurer Siedler sind regelrechte Faschos. Drittes Reich? Kein Volk der Welt hat sich so intensiv mit seiner Vergangenheit auseinandergesetzt wie die Deutschen. Irgendwann verfällt er sogar in die erste Person Plural: »Wir stimmen in der UNO immer für Israel.« »Unsere Regierung unterstützt die jüdischen Gemeinden mit Millionen.« Als er dann noch sagt: »Ohne unsere Wiedergutmachung stündet ihr Israelis eh im Hemd da!«, ist der Familienfrieden hin. »Bin ich froh, wieder daheim zu sein!«, seufzt Blumberg zwei Tage später erleichtert, als die El-Al-Maschine zum Landeanflug in Frankfurt ansetzt. Natürlich nur halblaut, damit die Gojim zwei Reihen weiter hinten es nicht mitbekommen.

3.

Thorarolle rückwärts: Kleine Glaubenskunde

Der Straßenverkehr ist weiträumig umgeleitet worden. Fernseh-teams haben ihre Übertragungswagen aufgestellt. Der Minister-präsident kommt mit Blaulichteskorte vorgefahren. Herren in dunklen Anzügen und mit Kopfbedeckung eilen herbei, ihn zu begrüßen. Kameras klicken. Mikros werden entgegen gereckt. »Ein großer Tag für diese Stadt und unser Land«, sagt der Regie-rungschef. Dann begibt die Gesellschaft sich gemessenen Schrit-tes in einen postmodernen Granit- und Sandsteinbau mit leicht orientalischer Anmutung. Nach fünfjähriger Bauzeit wird heute die neue Synagoge eingeweiht.

Drinnen herrscht würdevolle Stimmung. Die Herren des Ge-meindevorstands bringen feierlich die Thorarolle ein. Es folgen Reden. Der Vorsitzende betont, wie glücklich er ist, dass in sei-ner Amtszeit das Projekt endlich verwirklicht werden konnte, und schaut hämisch in die dritte Reihe, in der sein abgewählter

Vorgänger sitzt. Der Oberbürgermeister rückt die ungewohnte kleine Kappe auf dem Kopf zurecht und ruft pathetisch: »Wer ein Haus baut, will bleiben.« Der Ministerpräsident schaut pikiert auf: Sein Redenschreiber hatte ihm denselben Satz ins Manuskript gestellt. Zum Schluss spricht der Rabbiner ein Gebet und blickt wehmütig über die bis auf den letzten Platz besetzten Sitzreihen. Nie wieder wird die Synagoge so voll sein. Schon kommenden Sabbat werden sich in den für 400 Menschen ausgelegten Raum, wenn's hochkommt, gerade mal zwei Dutzend Beter verirren.

Auch Blumberg geht nur selten in die Synagoge. Er ist an den Wochenenden beruflich häufig eingespannt. Außerdem spielt er samstags Tennis mit seinem Chef. Das muss sein, wegen der Karriere. Auch die Speisegesetze kann Ihr jüdischer Bekannter nicht immer einhalten. Er ist dienstlich oft unterwegs. Koschere Restaurants gibt es in Deutschland kaum. Und selbst wenn, kann man Geschäftspartner dorthin nicht zum Essen einladen, schon weil, ganz unter uns, die Qualität der Küche doch arg zu wünschen übrig lässt. Zu Hause ist es mit den Bestimmungen nach dem Dritten Buch Mose auch nicht so einfach. Der nächste koschere Lebensmittelladen ist 150 Kilometer weit entfernt in einer anderen Stadt und viel zu teuer. Fleisch kostet dort fast das Doppelte wie im örtlichen Supermarkt. Bei Blumbergs daheim hält man deshalb auf semikoscher. Schweinskopfsülze kommt nicht auf den Tisch. In allen anderen Fragen ist man tolerant.

Nicht dass Blumberg, Gott behüte, Atheist wäre. Der Glaube ist ihm wichtig. Selbstverständlich in orthodoxer Ausrichtung. Von dem neumodischen liberalen Ritus, den ein paar junge Leute in der Gemeinde einführen wollen, hält er nicht viel. Wenn schon Schabbat, dann richtig, so wie er ihn aus seiner Jugend kennt. Zwar versteht Blumberg das Hebräisch im Gebetbuch kaum. Aber er hält auf Tradition. Deshalb ist ihm die jüdische Erziehung seiner Kinder ein besonderes Anliegen. Seine Tochter hat vor Kurzem erst Bat Mizwa gemacht – »Das, was bei Ihnen die Konfirmation ist« – und vor der ganzen Gemeinde fehlerfrei einen Passus aus der Thora im Original rezitiert. 500 Euro hat der Vorbereitungsunterricht gekostet. Dazu kam noch die Feier: Saalmiete im Hotel, Essen für 120 Freunde und Verwandte, plus die Gage für die Tanzkapelle – eine von hier, nicht aus Israel eingeflogen, wie bei Gorenstein, dem Protzer –, da war ganz schnell eine fünfstellige Summe zusammen. Aber das ist Blumberg der Glauben wert.

Zur Tradition gehören auch die Feiertage. Zum jüdischen Neujahr Rosch Haschana und zehn Tage drauf an Jom Kippur, dem Versöhnungstag, nimmt Blumberg sich extra im Büro frei und geht in die Synagoge. Er sitzt in Reihe vier, ganz vorne, wo der Platz 100 Euro kostet. Das ist er seinem guten Ruf in der Gemeinde schuldig. Schon sein Vater hat früher immer dort gesessen. Außerdem kennt er die Sitznachbarn und erfährt von ihnen neueste Nachrichten: Bronski muss verkaufen, er ist fast pleite. Averbuch will für den Vorstand kandidieren. Moskowitz hat Diabetes; kein Wunder, so wie der frisst.

Frau Blumberg sitzt derweil in ihrem neuen Gabriele-Strehle-Kostüm auf der Empore mit den anderen Damen der Gemeinde. Auch dort werden zwischen den Gebeten Neuigkeiten ausgetauscht: Löwensteins Ältester hat sich als schwul geoutet, dabei war er doch mit Heymanns Tochter fast verlobt. Goldfarbs Frau will sich scheiden lassen, nachdem sie hinter die Affäre mit der Tippse gekommen ist. Frau Posner konnte nicht zum Gottesdienst kommen, weil sie wegen ihrer Tablettensucht in einer Entzugsklinik behandelt wird.

Ein weiterer hoher Feiertag ist Pessach, wenn des Auszugs aus Ägypten gedacht wird. Traditionell essen Juden dann acht Tage lang Mazzen, zur Erinnerung daran, dass die Hebräer in der Wüste ihr Brot nicht säuern konnten. Mazzen sehen aus wie angekokelte Pappdeckel und schmecken auch so. Nach den Feiertagen sind bei Blumbergs deshalb immer etliche Packungen übrig. Aufheben bis zum nächsten Pessach kann man die aber nicht: Erstens ist das religionsgesetzlich untersagt, zweitens würden sie dann noch pappiger schmecken als ohnehin. Zum Glück gibt es nichtjüdische Freunde und Bekannte wie Sie. Die nehmen die Mazzen gerne, um sie daheim als exotische Speise zu servieren: »Das ist jüdisches Brot, wie der Herr Jesus es vor seiner Kreuzigung gegessen hat!«

Das populärste jüdische Fest ist, theologisch gesehen, eigentlich nur ein Halbfeiertag: Chanukka. Nach offizieller Lesart erinnert es an die Wiedereinweihung des Tempels nach dem Sieg der Makkabäer über die Hellenen. Der tiefere Sinn des Festes ergibt sich jedoch aus dem Datum: Chanukka wird im Dezember begangen und dient im Wesentlichen dazu, mit Spielen, Schokolade und Präsenten die Kinder ruhigzustellen, die sonst um diese Jahreszeit mit Fragen nerven würden wie »Warum feiern wir kein Weihnachten?«, »Wieso haben wir keinen Tannenbaum?« und vor allem »Weshalb kriege ich keine Geschenke?«.

»Was sagt denn Ihr Rabbiner dazu?«, fragen Sie Herrn Blumberg, nachdem Sie jetzt wissen, dass Juden ihre Religion auch nicht sehr viel ernster nehmen als Sie die Ihre. Der winkt nur ab und lächelt milde. Wer gibt in einer jüdischen Gemeinde schon was auf den Rabbiner? Der ist schließlich nur ein Angestellter mit einem Dreijahresvertrag, der zudem ziemlich auf der Kippe steht. Frau Goldstein, deren Mann im Gemeindevorstand ist, hat sich schon beschwert, dass ihre Naomi in Religion nur eine

Drei bekommen hat. Die Predigten kommen auch nicht immer gut an. Neulich hat der Rabbi sich über soziale Gerechtigkeit ausgelassen. Ettinger, der voriges Jahr zwei Millionen Umsatz gemacht hat, meinte daraufhin, er solle sich lieber um die Thora kümmern und die Geschäfte Leuten überlassen, die etwas davon verstehen. Dass die Gattin des Rabbiners beim Chanukkaball ein Max-Mara-Kleid mit Ausschnitt trug, kommt erschwerend hinzu. »Dafür zahlen wir dem Mann ja wohl nicht sein Gehalt«, hat Frau Simon gesagt, die sich das gleiche Modell extra für die Gala angeschafft hatte. Dem Rabbiner die Stelle retten wird wahrscheinlich nur die Tatsache, dass der Gemeindevorstand sich auf keinen Nachfolger einigen kann. Von den Aspiranten ist der erste zu alt, der nächste nuschelt, der dritte ist unverheiratet, also möglicherweise schwul, der vierte für hiesige Verhältnisse eine Nummer zu orthodox, der fünfte riecht aus dem Mund. Und der einzige Kandidat, der mehrheitsfähig wäre, verlangt ein Gehalt, wie es sonst nur Landesminister beziehen. Blumbergs Rabbiner wird deshalb wahrscheinlich eine Vertragsverlängerung bekommen. Trotzdem schaut er sich bereits nach einer anderen Gemeinde um. In der Zwischenzeit hält er Vorträge über christlich-jüdischen Dialog in der benachbarten Sankt-Christophorus-Kirche. Dort behandelt man ihn wenigstens mit Respekt.

4.

Shlock und Gefilte Fisch: Bei Judens daheim

Inzwischen haben Sie Herrn Blumberg mehrmals wieder getroffen. Er war mit seiner Frau auch schon mal bei Ihnen zum Essen. Jetzt kommt die Gegeneinladung.

Was überreicht man in solchen Fällen als Gastgeschenk? Ein Buch? Die Juden nennt man ja das Volk des Buches. Des Buches im Singular, wohlgemerkt. Bei Blumbergs stehen im Regal auch nicht mehr Titel als bei Ihnen: Ein paar Bestseller aus dem Buchclub und zwei, drei Bildbände über Israel.

Vielleicht bringen Sie doch lieber Blumen mit. Oder etwas Süßes. Pralinen kommen immer gut. Es müssen gar nicht die teuren koscheren sein, die Sie im Internet aus Israel bestellt haben. Obwohl Sie der Gastgeberin damit bestimmt eine Freude machen. »Das ist ja nett. Solche habe ich noch nie gegessen!«

Die Blumbergsche Wohnung wird Sie möglicherweise enttäuschen. Sie sieht nicht anders aus als Ihre auch, zwischen skandinavischer Fichte und Gelsenkirchener Barock changierend. Die einzige besondere Note sind die Bilder an der Wand. Statt Rembrandts Mann mit Goldhelm hängen dort Reproduktionen von Isidor Kaufmann (1853–1921), der mit Ölgemälden frommer Juden mit viel Bart und Hut seinerzeit ein reicher Mann wurde. Dazwischen Chagalldrucke und auf dem Vertiko hummelfigurinenähnliche Darstellungen von Tevje dem Milchmann mitsamt Mischpoche. Solche Schmücke-dein-Heim-Artikel sind in der Regel Importware, meist aus den USA. Man nennt sie dort Shlock.

Shlock unterteilt sich, wie die Juden auch, in zwei Kategorien: religiös und säkular. Zum religiösen Shlock zählen vor allem die Utensilien, die in keinem jüdischen Haushalt fehlen dürfen – Mesusa und Menora. Die Mesusa ist ein fünf bis zehn Zentimeter großes schmales Behältnis mit einem biblischen Segen darin, das schräg am Türrahmen angebracht wird. (Ob darauf die Redewendung »Bei denen hängt der Haussegen schief« zurückgeht, ist etymologisch umstritten.) Oft sind Mesusot Thorarollen nachempfunden. Wem das zu popelig ist, der kann sich auch eine Mesusa an die Tür nageln, die wie ein Golfschlägersack oder ein koscherer Hotdog aussieht. Blumbergs haben ein Zinnmodell mit Jerusalemrelief.

Die Menora ist ein siebenarmiger Leuchter aus, je nach Haushaltseinkommen, Messing, Silber oder Gold. Oder Acryl beziehungsweise Keramik. Weil sich aus diesen Materialien nämlich viele schöne, besonders ausgefallene Menorot formen lassen. Die Menora als Eisenbahn zum Beispiel oder mit High Heels von Manolo Blahnik. Auch Disney ist inzwischen ins Menora-geschäft eingestiegen und bietet Sabbatleuchter mit Mickey, Donald und ihren Freunden an. So einen haben Blumbergs ihrer Tochter Miriam geschenkt. Ihr Sohn Doron hat, damit er nicht auf seine Schwester neidisch wird, auch etwas bekommen: eine Kippa in Burberrykaro. Die kleine runde Kopfbedeckung, die Männer in der Synagoge tragen, muss nicht, wie bei den Orthodoxen, immer nur eintönig schwarz sein: Es gibt sie auch mit Fußbällen, japanischen Hello Kittys und für Yuppies mit Lacoste-Krokodil. (Der Autor selbst ist stolzer Besitzer einer Homer-Simpson-Kippa. Krusty der Clown war in dem Laden in Jerusalem leider nicht vorrätig.)

Verlassen wir den religiösen Bereich und wenden uns dem Alltagskitsch zu, dem säkularen Shlock. Dazu zählen in erster Linie Schmuckstücke – Davidsterne in Gold, Silber und Platin, mit und ohne Brillis. Frau Blumberg trägt auch einen um den Hals. Damit die Kinder frühzeitig im Geist der jüdischen Tradition aufwachsen, schenkt man ihnen Teddybären mit Gebetsschal und Kippa. Herr Blumberg hat zum Geburtstag ein für jüdische Konsumenten sondergefertigtes Schweizer Taschenmesser mit Davidstern statt Kreuz bekommen, seine Frau die Fingerhut-serie »Frauen der Bibel« in echt Silber, damit sie sich nicht in die Finger sticht, wenn sie ihr farbiges Jerusalem-Stickbild verfertigt. Für den perfekten Sabbattisch bietet sich der »L'Chaim Wine Butler« an: Wo bei gewöhnlichen Menschen eine Serviette am Flaschenhals als Tropfenfänger dient, erfüllt hier ein miniaturisierter Gebetsschal den Zweck, ergänzt durch eine Kippa für den Korken. Praktischerweise verdeckt der Gebetsschal auch das Etikett, sodass der Gast nicht merkt, dass ihm statt koscherem Grand Cru Billig-Algerier von Aldi kredenzt wird.

Womit wir beim Essen wären. Extra Ihretwegen hat Frau Blumberg heute typisch jüdische Gerichte zubereitet. Das könnte auch eine subtile Bösartigkeit sein. Die jüdische Küche zählt nicht gerade zur Haute Cuisine. Das Volk Israel hat auf vielen Gebieten große Männer hervorgebracht – Einstein in der Physik, Freud in der Psychoanalyse, Meyer Lansky im organisierten Verbrechen. Aber einen großen Koch sucht man in der Encyclopaedia Judaica vergebens. Das mag verwundern, wo doch kaum eine andere Religion in ihren Schriften Fragen der Ernährung so viel Platz einräumt. Ganze Kapitel in Thora und Talmud befassen sich mit nichts anderem. Doch handeln die nur davon, welchen

göttlichen Regeln das Essen entsprechen muss. Nie geht es darum, ob es auch schmeckt.

Entsprechend sieht das, was zu Ihren Ehren auf den Tisch kommt, auch aus. Als Vorspeise gibt es Gefilte Fisch: Entgräteter Karpfen wird durch den Wolf gedreht und mit Eiern, Zwiebeln sowie Mazzenmehl zu einem Brei verrührt, aus dem man kleine Klöße formt. Der Fischkopf und die Gräten werden aufgekocht, der Fond daraus geliert. Auf dem so entstandenen Glibber werden die Fischklöße angerichtet, garniert mit Möhren und Zwiebeln. Als Würze wird Meerrettich gereicht, der mit Rote Bete eingefärbt wurde.

Nicht viel besser ist der Hauptgang. Möglicherweise wird man Ihnen Tscholent vorsetzen, das klassische Sabbatgericht, das schon Heinrich Heine besungen hat. Weil fromme Juden am Feiertag kein Feuer machen dürfen, füllen sie freitags kurz vor Sonnenuntergang einen Topf mit Wasser, Zwiebeln, Möhren, Lauch, Fleisch, Kartoffeln und Graupen, der bei niedriger Flamme um die 20 Stunden lang bis Sabbatende köchelt. Spätestens bis Samstagmittag hat sich das Ganze zu einem in Geschmack und Konsistenz undefinierbaren Matsch verwandelt. Den Geschmacksverlust gleicht man durch großzügig bemessene Mengen Pfeffer, Salz und Knoblauch aus.

Beschweren Sie sich nicht. Es hätte schlimmer kommen können. Ihre Gastgeber hätten Ihnen Pitscha vorsetzen können, gelierten Kalbsfuß mit Knoblauch. Oder Fisselach, ausgekochte

Hühnerfüße. Nichts für zartbesaitete Geschmacksknospen ist auch Lung-und-Leber, ein Eintopf aus, wie der Name sagt, Rinderlunge und Rinderleber. In manchen Rezepten kommt noch Milz dazu. Und anstelle des Gefilte Fisch hätte die Vorspeise auch Rettach mit Schmalz sein können, geraspelter Rettich mit Hühnerfett auf Brot.

Zeit für den Nachtisch. Es gibt wahrscheinlich Apfelkompott. Aus der israelischen Dose. Ohne Haltbarkeitsdatum, dafür aber mit rabbinischem Koschersiegel.

Wenn es Sie tröstet: Ihren Gastgebern hat es auch nicht geschmeckt. Bei Blumbergs gibt es klassisch jüdische Küche nur selten – wenn die Schwiegereltern zu Besuch sind oder gojische Gäste wie Sie kommen. Das nächste Mal, wenn Sie zusammen essen wollen, verabreden Sie sich am besten beim Italiener.

5.

Da war doch was:
Ein kurzer Abstecher in die Vergangenheit

Einen Aspekt haben Sie bisher vielleicht vermisst. Oder Sie waren erleichtert, dass er nicht zur Sprache kam. Sorry. In einem Buch über deutsch-jüdische Beziehungen kommen wir nicht darum herum, diesen Punkt wenigstens kurz anzutippen: Die, äh, unselige Vergangenheit, äh, schlimmen Geschehnisse, äh, Verbrechen im deutschen Namen ... Sie wissen schon: der Holocaust. Oder, wie man in gebildeten Kreisen neuerdings gern hebräisch sagt, die Schoa. (Das deutsche Original »Endlösung« ist sprachlich etwas aus der Mode gekommen.)

Von kaum einer anderen Frage haben die meisten Deutschen, glaubt man Umfragen, die Nase so voll. Von Martin Walser (»... unsere geschichtliche Last, die unvergängliche Schande, kein Tag, an dem sie uns nicht vorgehalten wird«) bis zu Klempnermeister Bottwig (»Ich kann's nicht mehr hören!«) ist sich die Nation da einig. Gleichzeitig fasziniert kein anderes Thema die

Bundesbürger offenbar mehr. Auschwitz-Titel illustrierter Magazine gehen am Kiosk fast so gut wie nackte Titten. Hitler im Fernsehen garantiert hohe Einschaltquoten. Bücher mit SS-Männern auf dem Cover landen selten bei den Remittenden. Und wenn bei einer Abendgesellschaft das Tischgespräch erlahmt, muss man nur kurz »Holocaust« sagen: Sofort lebt die Konversation auf und erreicht binnen Minuten eine Verve, wie man sie sonst nur von Parlamentsdebatten in Italien kennt.

Sie selbst haben auch schon häufig im Büro und mit Freunden über das Thema diskutiert. Herrn Blumberg darauf anzusprechen, haben Sie allerdings lange gezögert. Sie fühlten sich befangen. Zwar war in Ihrer unmittelbaren Familie niemand Nazi. Jedenfalls nicht aus Überzeugung. Der Großvater ist nur in die Partei eingetreten, weil er das als Beamter musste. Die Zähne hat er sich trotzdem weiter bei Dr. Kahn richten lassen, bis der 1938 seine Praxis aufgab. Das hat schon Mut erfordert damals. Sie selbst als Jahrgang 1963 haben sich persönlich sowieso nichts vorzuwerfen. Aber man weiß nie. Manche Leute sind nachtragend. Menschlich muss man das natürlich irgendwie verstehen. Schuldzuweisungen wollen Sie sich trotzdem ungern aussetzen.

Andererseits: Wann hat man schon Gelegenheit, mit einem echten Betroffenen darüber zu reden? Sie möchten auch nicht, dass Ihr jüdischer Bekannter glaubt, Sie stellten sich der deutschen Geschichte nicht. Wo Sie doch »Schindlers Liste« auf

34

DVD haben und Ihre Tochter vor vier Wochen erst mit ihrer Oberstufen-Geschichts-AG auf dem jüdischen Friedhof Laub gekehrt hat.

Selbstverständlich bringen Sie das Thema taktvoll in die Unterhaltung ein und fallen nicht gleich mit der Tür ins Haus wie eine bekannte deutsche Fernsehpersönlichkeit, die heftig dementiert, dass folgender Wortwechsel so jemals stattgefunden hat: »Wie sind Sie nach Auschwitz gekommen, Frau Edvardson?« »Mit dem Zug!« Da gibt's subtilere Eröffnungen. Die NPD-Wahlerfolge im Osten zum Beispiel. Schlimm, das. Oder die Meldung über Hakenkreuzschmierereien am Berliner Holocaustmahnmal. Eine Schande. Von dort kommen Sie problemlos zu Ihrer eigenen Betroffenheit. Als Sie 16 waren, haben Sie Ihren Patenonkel Gottfried auf seine Mitgliedschaft in der Waffen-SS angesprochen. Er hat Ihnen deshalb zum Geburtstag nicht das Mofa geschenkt, das er versprochen hatte. Sie erzählen Herrn Blumberg auch von der Amsterdam-Reise voriges Jahr, bei der Sie das Anne-Frank-Haus besichtigt haben. Ihre Gattin hatte Tränen in den Augen, als sie herauskam. Und bei der nächsten Eigentümerversammlung Ihres Hauses wollen Sie beantragen, einen Stolperstein zu stiften, um an deportierte ehemalige Bewohner zu erinnern. Clara und Siegfried Freundlich hießen die, oder so ähnlich. Ein Student recherchiert das gerade für Sie im Stadtarchiv.

Zu Ihrer Erleichterung reagiert ihr jüdischer Gesprächspartner nicht aggressiv. Auch nicht betroffen. Eigentlich reagiert er überhaupt nicht. Er nippt an seinem Bier, sagt ab und zu mal »Hm Hm« oder macht vage zustimmende Kopfbewegungen. Richtig einsteigen in die Unterhaltung tut er nicht. Ihnen wird unbehaglich zumute. Sie bekommen Gewissensbisse. Vielleicht hätten Sie das schmerzhafte Thema doch nicht ansprechen sollen. Blumberg hat sicher viele Angehörige im Holocaust verloren. Die Eltern werden auch sehr gelitten haben. Und wie man weiß, sind die nach 1945 geborenen Kinder Überlebender ebenfalls lebenslang traumatisiert: Erst neulich lief darüber etwas auf Arte.

Was Sie nicht ahnen: Blumberg langweilt sich einfach. »Warum können die Deutschen eigentlich nie über etwas anderes sprechen?«, hat er erst kürzlich nach einer ähnlichen Unterhaltung auf dem Heimweg seine Frau gefragt. Juden selbst reden untereinander selten über den Holocaust. Sie sind mit der Materie auch so schon vertraut genug. Außerdem gibt es interessantere Gesprächsstoffe. Blumberg hatte Sie zum Beispiel eigentlich fragen wollen, wie Sie mit Ihrem neuen BMW zurechtkommen; er überlegt sich nämlich gerade, auch einen zu kaufen. Gern hätte er auch mit Ihnen diskutiert, warum Borussia Dortmund trotz teurer Neueinkäufe in der Bundesliga den Hintern nicht hochkriegt. Wenn Sie ihn nur gelassen hätten, statt ihn die ganze Zeit mit Auschwitz zuzulabern. Und den wirklich guten Witz zum Thema, den er kürzlich in Israel gehört hat (»Herr Ober, eine

Flasche Wasser bitte. Aber ohne Gas!«), hat er sich nicht getraut zu erzählen. Er wollte Ihre Gefühle nicht verletzen. Beim Thema Holocaust, weiß er, sind die Deutschen sehr empfindlich.

6.

Zoff und Zores: Juden unter sich

Auch wenn in Deutschland vergleichsweise wenig Juden leben, sind sie, entgegen einer verbreiteten Vorstellung, nicht alle miteinander persönlich bekannt. Blumberg zu fragen, ob er Herrn Löwenfeld aus Köln kennt, der auch Jude ist, hat deshalb wenig Sinn. Ihr Gesprächspartner wird wahrscheinlich nur höflich verneinen können. Es sei denn, er kennt besagten Löwenfeld tatsächlich. Dann wird er erst recht nicht begeistert sein. Denn höchstwahrscheinlich kann er ihn nicht leiden.

Wenn von Juden die Rede ist, dann oft mit vorgesetztem bestimmtem Artikel – »die« Juden. Damit wird unterstellt, es handele sich um einen monolithischen Block, einig im Willen, stark in der Tat. »Die Juden halten zusammen«, behauptet ein verbreitetes Klischee. Von wegen. Wer seine Bibel kennt, weiß, dass es von Anfang an kein zerstritteneres Volk gegeben hat als das auserwählte. Schon kurz nach dem Auszug aus Ägypten fingen die Israeliten an, sich zu zoffen (ein jiddisches Wort, nota bene), und haben bis heute damit nicht aufgehört. Nicht zufällig sitzen in kaum einem Parlament der Welt so viele Splitterparteien wie in der israelischen Knesset. Und wer je an einer jüdischen Gemeindeversammlung teilgenommen hat, weiß, warum die Protokolle der Weisen von Zion eine Fälschung sein müssen: Echte Juden können sich nicht einmal auf die Tagesordnung einigen.

»Zwei Juden, drei Meinungen«, lautet ein altes jüdisches Sprichwort. Wobei mit arithmetischer Zunahme der beteiligten Juden die Zahl der Meinungen exponentiell wächst, ebenso wie die Vehemenz, mit der um sie gestritten wird. Die chaotischen Familienszenen in Woody-Allen-Filmen sind keineswegs komische Übertreibungen, sondern dokumentarisches Cinéma vérité. Durcheinander zu reden, den anderen nicht zu Wort kommen zu lassen und zwischendurch laut schreiend und wutentbrannt aus dem Zimmer zu rennen, ist Basis aller jüdischen Gruppendynamik. Manieren stören dabei nur. Man ist ja schließlich unter sich. Wie eine Dame sagte, die Frau Blumberg mal im Urlaub kennenlernte, als sie erfuhr, dass sie vom gleichen Stamm sind: »Hätt ich das gewusst. Und die ganze Zeit bin ich so höflich gewesen.«

Bei solchem Umgang miteinander sind Kränkungen nicht zu vermeiden. Vergessen und vergeben werden sie selten. Dafür sieht man sich gezwungenermaßen zu häufig wieder. Die meis-

MOISCHE IST EIN
EHRLICHER MENSCH.

ER LÜGT NUR
ZWEIMAL:

IM SOMMER
UND IM WINTER.

ten jüdischen Gemeinden sind zu klein, um sich aus dem Weg zu gehen. So gedeiht die Abneigung weiter und wächst sich oft zu Fehden aus, die über Jahrzehnte und generationsübergreifend gepflegt werden. In Blumbergs Gemeinde giften sich Frau Spektor und Frau Lazar schon seit dem Kindergarten an; ihre Töchter ebenso. Mittlerweile setzen die Enkelinnen mit ihren sieben, beziehungsweise acht Jahren die Tradition fort. Gelegentlich dauert der Hass sogar bis über das Grab hinaus: Ferber soll in seinem Testament verfügt haben, dass er nicht auf dem jüdischen Friedhof beigesetzt werden will; er wolle nicht im Tod Gesellschaft haben, die er zu seinen Lebzeiten stets vermieden habe.

Nicht jeder geht bei Konflikten natürlich gleich so weit wie ein bekannter Berliner Filmproduzent, der einen ebenfalls jüdischen Kritiker öffentlich nach Auschwitz wünschte, weil der einen seiner Streifen verrissen hatte. Aber eine gewisse Missgunst ist oft nicht zu überhören, wenn Juden unter- und noch lieber übereinander reden. Blumberg etwa könnte Ihnen über Löwenfeld Sachen erzählen ...

Wahrscheinlich wird er es auch tun. Die Zeiten sind vorbei, da Juden hierzulande ihren Zores hinter verschlossenen Türen ausfochten und nach außen die Form wahrten, um den Antisemiten kein Futter zu geben. Mittlerweile ist das Selbstbewusstsein gewachsen. Deutschlands Juden tragen, wie andere Leute auch, ihre Querelen auf dem offenen Markt aus. Jeder Streit in Blumbergs Gemeinde steht am nächsten Tag schon in der Zeitung. Als der Vorstand neulich den Zuschuss für den Chanukkaball des Frauenvereins kürzen wollte, hat Willner, dessen Gattin dort Vorsitzende ist, das sofort einem Journalisten gesteckt. Der hat daraus die Schlagzeile gemacht: »Jüdische Gemeinde vor der Spaltung?« Der Vorsitzende hat darauf einen Leserbrief geschrieben, in dem er Willner als notorischen Querulanten titulierte. Der reagierte mit einer Gegendarstellung. Tagelang war das Blatt mit der Geschichte voll. Der Chefredakteur war begeistert: »Die Leute lesen so was gern!«

Mittlerweile ist die Sache eskaliert und bei Gericht anhängig. Dort sieht man inzwischen mehr Juden als samstags in der Synagoge. Die halbe Gemeinde liegt im Rechtsstreit. Bronner hat Heymann verklagt, weil der in der Synagoge zu seinem Nachbarn laut gesagt hat, Bronner sei vorbestraft; dabei ist doch, wie jeder weiß, das Steuerverfahren vor zwei Jahren gegen Zahlung einer Geldbuße eingestellt worden. Paucker ist vors Verwaltungsgericht gezogen, nachdem er bei den Vorstandswahlen durchgefallen war, und hat eine einstweilige Verfügung auf

Neuauszählung der Stimmen beantragt. Dann ist da noch der Religionslehrer, der entlassen wurde, weil er auf eigene Faust Synagogenführungen für Christen gemacht und die Eintrittsgelder eingesackt hatte. Er hat Kündigungsschutzklage eingereicht und will 150 000 Euro Abfindung. Beim Gütetermin hat der Richter gewitzelt, der Rechtsbegriff sub judice habe für ihn eine völlig neue Bedeutung bekommen. Beide Parteien haben daraufhin beantragt, ihn wegen Befangenheit abzulehnen.

Anwaltlich vertreten werden die Streithähne allesamt von nichtjüdischen Kanzleien. Zwar gibt es auch in der Gemeinde Juristen, Silberberg zum Beispiel. Aber den heuert bei internen Querelen keiner an. Man kann ihm nicht trauen, er kennt sich zu gut aus. Außerdem akzeptiert Silberberg sowieso keine Mandanten mehr aus der Gemeinde, seit Pinsker ihn bei der Anwaltskammer wegen Parteiverrat angezeigt hat, nachdem er einen Prozess verloren hatte. Gojische Anwälte sind da unbefangener. Außerdem schätzen sie jüdische Mandantschaft. Weil zankende Juden nicht so schnell klein beigeben, ist in den meisten Streitfällen der Gang mindestens in die zweite Instanz programmiert. Besonderer talmudischer Zusatzkenntnisse bedarf es für diesen juristischen Interessenschwerpunkt auch nicht. Es reicht, sich in allgemeine Psychologie einzulesen, unter besonderer Berücksichtigung der querulatorischen Persönlichkeit. Dazu ein kurzer Abriss der jeweiligen Gemeindegeschichte (wer hat an Jom Kippur 2003 wen in der Synagoge nicht gegrüßt?) und schon ist der Schriftsatz Goldstein gegen Kohn fertig. Vermeiden sollte man als Anwalt allerdings modische Mediationsverfahren. Friedensstifter mögen in der Bergpredigt selig sein. Bei streitenden Juden sind sie unerwünscht. Die sind sich bei aller Feindschaft in einem einig, nämlich, dass ihr Zoff nur sie etwas angeht und Dritte, Gojim zumal, sich gefälligst rauszuhalten haben. Man will sich schließlich nicht den Spaß verderben lassen.

7.

Wenn Gojim zu sehr lieben:
Philosemiten und andere Nervensägen

Sie feiern Geburtstag. Herr und Frau Blumberg stehen selbstverständlich auf der Gästeliste. Einige andere Bekannte haben Sie dafür vorsichtshalber nicht eingeladen. Fabers Sohn ist mit einer Palästinenserin verheiratet und voriges Jahr bei einem Familienbesuch in Ramallah fast von einer israelischen Granate erwischt worden. Körner schwätzt ständig von seinem Opa, dem Ritterkreuzträger. Das muss nicht sein. Man will ja die Stimmung nicht belasten. Doch trotz aller peniblen Planung kommt es dann doch zu einer atmosphärischen Störung. Frau Sommer, Studienrätin (Deutsch, Geschichte, Religion) an der Schule Ihrer Tochter, hat sich die jüdischen Gäste gegriffen und erzählt ihnen lautstark, dass sie schon dreimal in Israel war, alle CDs von Giora Feidman hat und in der Bürgerinitiative für den Bau eines lokalen Holocaustmahnmals aktiv ist. Blumbergs sind sichtlich genervt.

Frau Sommer gehört zur Spezies der Philosemiten. Das Wort »philos« kommt aus dem Griechischen und heißt »Freund« oder »Liebhaber«. Man sollte meinen, dass die Betroffenen sich über solche Leute freuen. Das Gegenteil ist der Fall. Wenn Sie einem Juden erzählen, dass Sie seinesgleichen ins Herz geschlossen haben, wird er Sie für einen Lügner halten oder für meschugge. Schließlich mögen sich Juden untereinander ja auch nicht alle.

Dem idealisierten Bild gerecht zu werden, das Philosemiten von Juden haben, ist zudem ziemlich anstrengend. Blumberg erinnert sich noch an den wohlmeinenden Klassenlehrer, der ihn in der zehnten Klasse nach seiner dritten Fünf in Physik zur Seite nahm und freundlich, aber ernst ermahnte, sich doch mehr anzustrengen: An mangelnder Begabung für das Fach könne es ja nicht liegen, immerhin sei doch Einstein auch Jude gewesen.

Gelegentlich nimmt die Enttäuschung darüber, dass nicht jeder Jude ein Nathan der Weise ist, auch drastische Formen an. In der örtlichen Gesellschaft für christlich-jüdische Zusammenarbeit ist der stellvertretende Vorsitzende, ein evangelischer Pfarrer, ausgetreten, nachdem er Krach mit Löw hatte, der zugegebenermaßen unangenehm sein kann. »Opa hatte doch recht«, soll der frustrierte Philosemit noch gesagt haben, bevor er die Tür hinter sich zuschlug.

Manchmal hat der Philosemitismus aber auch seine nützlichen Seiten. Weil so viele deutsche Eltern ihren Kindern jüdische Vornamen geben, fällt Blumbergs Sohn Doron in der

Schule unter den vielen christlichen Sarahs, Ruths, Leons und Davids überhaupt nicht auf. Den unverfänglichen Zweitnamen Robert, den ihm die Eltern sicherheitshalber mit verpasst hatten, braucht der Junge gar nicht. Und seit Madonna und Britney Spears die Kabbala für sich entdeckt haben, kommt Doron bei den Mädchen richtig gut an. Viele seiner Klassenkameradinnen tragen, wie die Stars, ein rotes Bändchen ums Handgelenk, nach jüdischer okkulter Tradition ein Schutz vor bösen Geistern, und finden es unheimlich geil, mit einem echten Juden in die Disco zu gehen.

Sogar Israel hat seine Fans, wundert sich Blumberg, obwohl laut einer Umfrage 77 Prozent der Bundesbürger den jüdischen Staat nicht mögen. Da sind die älteren Herrschaften, die in den sechziger Jahren als Teenager mit der Aktion Sühnezeichen im Kibbuz Apfelsinen pflücken waren und dort ihren ersten Sex hatten. Das prägt fürs Leben. Israel tief verbunden sind auch evangelikale Christen. Steht doch im Neuen Testament irgendwo ziemlich weit hinten, dass erst, wenn alle Juden in Zion versammelt sein werden, Christus wiederkommen und das Reich Gottes auf Erden errichten wird. Die Juden müssen sich dann allerdings taufen lassen, sonst fahren sie zur Hölle, hat einer von diesen Leuten Blumberg erklärt. Das war bei einer Israel-Solidaritätsdemo vor zwei Jahren auf dem Rathausplatz, zu der die Gemeinde aufgerufen hatte. Juden waren bei der Kundgebung kaum dabei, dafür jede Menge von den komischen Christen sowie eine Gruppe junger Leute mit Israelfahnen und einem roten Transparent »Kommunisten gegen Antizionismus«. Wormser, der an der Fachhochschule arbeitet, hat Blumberg hinterher erzählt, dass es sich um linksradikale Studenten handelt, die früher propalästinensisch waren. Jetzt tun sie für ihre Sünden Buße, indem sie derart militant für Israel eintreten, dass gegen sie selbst Westbanksiedler moderat wirken. Aus eigener Anschauung kennen die meisten linken Hyperzionisten das Land allerdings nicht. Wie einst das Engagement für die Arbeiterklasse und für den realen Sozialismus, gedeiht auch die linksradikale Israelbegeisterung am besten aus der sicheren Distanz.

Manche Philosemiten gehen noch einen Schritt weiter. Sie lieben die Juden so sehr, dass sie eins werden wollen mit dem Objekt ihrer Begierde. In Blumbergs Gemeinde gab es einen evangelischen Pastorensohn aus Itzehoe, der zum Judentum konvertiert war und sich mit 34 Jahren hatte beschneiden lassen. Ortwin Abraham Tenbrock hieß er. Ein penetranter Mensch.

Keiner war vor seinem Glaubenseifer sicher. Abends rief er bei den Gemeindemitgliedern an, wenn die gerade gemütlich vor dem Fernseher saßen, um die vorgeschriebenen zehn Männer für das Morgengebet zusammenzutrommeln. Im Gottesdienst korrigierte er ständig den Vorbeter, weil der die Segenssprüche angeblich in der falschen Reihenfolge zitierte. Beim Purimball der Frauengruppe fragte er, ob das Salatbüfett auch auf nicht-koschere Kleinstlebewesen untersucht worden sei. Den Rabbiner besuchte er unangemeldet zu Hause, um über Maimonides' Talmudkommentare zu diskutieren. Zum Glück hat sich der Konvertit dann entschlossen, nach Israel zu ziehen, um, wie er sagte, inmitten seines Volks zu leben. Er nennt sich jetzt Avram Ben Zion und wohnt in einer Siedlung bei Hebron. Dort schaut ihn in der Synagoge wenigstens keiner mehr komisch an, wenn er lautstark vom »Glauben unserer Väter« spricht.

8.

Bekannt aus Funk und Fernsehen: Jüdische Promis

»Wussten Sie eigentlich«, fragt Blumberg, als er auf Ihrem neuen Buttondown-Hemd das Logo mit dem Polospieler sieht, »dass Ralph Lauren auch jüdisch ist? Eigentlich heißt er Lipschitz.«

So wie die Leimener stolz sind auf ihren Boris Becker, die Tübinger auf ihren Hölderlin und die Bonner sich mit Beethoven brüsten, verweisen auch Juden gern auf prominente Stammesangehörige. Bei einigen artet das »name dropping« aber zur Obsession aus. Wahlen und Regierungsbildungen in noch so fernen Ländern werden aufmerksam verfolgt, um festzustellen, wie viele Abgeordnete und Minister jüdisch sind. Desgleichen Olympiaden, Fußballweltmeisterschaften und andere Sportereignisse. Wahre Experten gibt es da, die noch jeden 20-km-Geher und jede Synchronschwimmerin aus dem Kopf jüdisch zuordnen können: »Eine(r) von uns!« Ebenso im Showbusiness: Kaum läuft ein neuer Film, wird er auf »welche von uns« abgeklopft.

Für manche jüdischen Zuschauer bei der Oscarverleihung zählt nicht die beste Haupt- oder Neben-, sondern nur die Ahnenrolle: »Einer von uns!«, »Auch einer von uns!«, »Keiner von uns, spielt aber trotzdem ganz gut!«

Zum jüdischen Bildungskanon zählt auch, dass die erste Tankstelle der Welt 1910 in Baltimore von Louis Blaustein eröffnet wurde, Sylvan Goldman 1937 in seinem Supermarkt in Oklahoma den ersten Einkaufswagen baute und der Designer der Coca-Cola-Flasche, Raimond Loewy, »einer von uns« war. Beim Shopping wird in der Kosmetikabteilung stolz darauf verwiesen, dass Estée Lauder und Helena Rubinstein »welche von uns« sind. Ein Stockwerk höher, bei der Mode, bleibt nicht unerwähnt, dass Calvin Klein und Donna Karan jüdisch sind.

Die technologische Revolution fördert die Manie noch zusätzlich. Im Internet gibt es Dutzende Webseiten, die sich ausschließlich der Erfassung noch abseitigster jüdischer Prominenz widmen – vom Serienmörder »Son of Sam« alias David Berkowitz über Mussolinis Mätresse Margherita Sarfatti bis zur Punkband »Ramones« – alle »welche von uns«. Manche Juden sind sogar stolz darauf, dass der Pornostar Harry Reems, Freunden des Genres aus Filmen wie »Deep Throat« bekannt, deutlich sichtbar ein Sohn Israels war. Angelina Jolie ist zwar nicht jüdisch, aber der Frauenarzt, der ihre Zwillinge zur Welt gebracht hat, heißt Dr. Sussman, was alle jüdischen Zeitungen der USA groß vermeldet haben.

Auch mit jüdischen Kriminellen brüstet man sich. Söhne Israels haben schließlich das moderne Verbrechen maßgeblich geprägt. Arnold Rothstein gründete Anfang des 20. Jahrhunderts Amerikas Wettmafia. F. Scott Fitzgerald hat ihm in seinem Roman »Der Große Gatsby« unter dem Namen »Meyer Wolfsheim« ein literarisches Denkmal gesetzt. Meyer Lansky war zusammen mit seinem Freund Lucky Luciano der Vater der organisierten Kriminalität. In »Der Pate Teil II« taucht er als »Hyman Roth« auf. Benjamin »Bugsy« Siegel verdanken wir die Zockermetropole Las Vegas. Louis »Lepke« Buchalter hat als Chef von Murder Incorporated in den zwanziger und dreißiger Jahren moderne Managementmethoden in die Auftragskillerbranche eingeführt. Einer seiner fleißigsten Angestellten war Samuel »Red« Levine, der aber nie am Schabbat Leute umlegte, weil er als orthodoxer Jude dann nicht arbeiten durfte.

Der Drang, Promis jüdisch zu vereinnahmen, setzt selbst die Religionsgesetze außer Kraft. Nach der Thora ist Jude nur, wer von einer jüdischen Mutter abstammt. Bei Elfriede Jelinek war es zwar bloß der Vater, was aber, als sie 2004 den Literaturnobelpreis erhielt, der jüdischen Genugtuung keinen Abbruch tat. Nicht einmal vor Getauften macht man halt. Juden, die zu einem anderen Glauben übergetreten sind, werden eigentlich als Abtrünnige in Acht und Bann getan. Doch sind sie prominent, schwingt, aller Verdammung zum Trotz, heimlicher Stolz mit, wie beim verstorbenen Erzbischof von

Paris, Seiner Eminenz Jean-Marie Kardinal Lustiger – »einer von uns«.

Auch Deutschland hat seine prominenten Juden, die Herr Blumberg stolz aufzählt: Marcel Reich-Ranicki natürlich und Inge Meysel. Auch der Showmaster Hugo Egon Balder und Susan Sideropolous aus der RTL-Serie »Gute Zeiten, schlechte Zeiten« sind Juden. Marcel Reif, der Fußballkommentator, hat immerhin einen jüdischen Vater, genauso wie Gregor Gysi. Daniel Barenboim fällt Blumberg auch noch ein. Klassische Musik ist zwar nicht sein Ding; da müssen Sie meine Frau fragen, die ist Mitglied im Konzertverein. Dass der berühmte Dirigent ständig öffentlich auf Israel herumhackt, findet Blumberg auch nicht gut. Aber eine Koryphäe ist der Mann natürlich trotzdem.

Nicht ansprechen sollten Sie Ihren jüdischen Bekannten allerdings auf den bekannten Publizisten, der regelmäßig in TV-Diskussionsrunden eingeladen wird, um das jeweilige Thema aus jüdischer Sicht zu kommentieren. Den rechnet Blumberg nicht zu den echten Promis. Er kennt ihn noch von früher, als sie bei jüdischen Jugendkongressen hinter den gleichen Mädchen her waren. War damals schon ein Angeber. Mittlerweile ist er auch nicht mehr der Einzige, der im Fernsehen als Jude vom Dienst auftritt. Fast immer, wenn Blumberg eine Talkshow einschaltet, sitzt einer dabei, der als prominenter jüdischer Schriftsteller, Wissenschaftler oder sonst etwas vorgestellt wird, obwohl Blumberg noch nie zuvor von ihm etwas gehört hat.

Viel zu sagen haben diese Leute meist auch nicht. Das könnte Blumberg genauso gut. Wären diese angeblichen Promis nicht beschnitten, meint Ihr Bekannter, würde kein Hahn nach ihnen krähen. »Ich stelle mich ja auch nicht überall als jüdischer Bereichsleiter Einkauf vor!«

In Blumbergs Gemeinde gibt es auch einen Prominenten. Jedenfalls hält er sich dafür. Ein zugezogener Fachhochschuldozent für Sozialarbeit, der in der Evangelischen Akademie Vorträge über religiösen Dialog hält und, immer wenn's im Nahen Osten oder im Zentralrat kracht, Interviews in der lokalen Zeitung gibt, die ihn als »kritische jüdische Stimme« präsentiert. Auch im Regionalfernsehen ist er schon aufgetreten. So hat er es zu örtlicher Bekanntheit gebracht – und zu vielen Feinden in der jüdischen Gemeinde. Vor allem die Vorstandsmitglieder sind sauer, weil sie auch gerne in die Medien oder zu Podiumsdiskussionen eingeladen werden möchten. Zur Strafe haben sie den Mann auflaufen lassen, als er für das Gemeindeparlament kandidiert hat. Die kritische jüdische Stimme landete an letzter Stelle, noch hinter dem Konvertiten. »So blöd wie die Gojim sind wir nicht«, lautet der allgemeine Kommentar.

9.

Unsere Ossis: Die Russen kommen

Als Angehöriger einer Minderheit ist Herr Blumberg besonders empfindlich gegenüber Vorurteilen. Dachten Sie jedenfalls und haben sich deshalb in seiner Gegenwart verkniffen, über Migranten, Schwule und Hartz-IV-Empfänger herzuziehen. Um so peinlicher, dass, als Sie mit Blumberg in der Kneipe ein Bier trinken, ausgerechnet Kleuser sich ungebeten dazu gesellt und seine üblichen ausländerfeindlichen Sprüche ablässt, etwa, dass man sich in bestimmten Stadtteilen vorkomme wie am Bosporus. Energisch fahren Sie ihm über den Mund. Ihr jüdischer Freund soll schließlich nicht denken, dass Sie auch so einer sind. Doch der bekommt Ihr mannhaftes Eintreten für Toleranz kaum mit, weil er viel zu beschäftigt ist, Kleuser wortreich zuzustimmen. Sie hören, wie er sagt: »Und noch viel schlimmer sind die Russen!«

1989 lebten in Deutschland circa 30 000 Juden. Heute sind

es rund 200 000. Das ist nicht das Ergebnis erhöhter jüdischer Gebärfreudigkeit, sondern verdankt sich der Zuwanderung aus der ehemaligen Sowjetunion. Juden sind aus Moskau, Kiew und Dnjepropetrowsk gekommen, um sich in München, Frankfurt oder Mönchengladbach niederzulassen. Deutschland hat inzwischen die am schnellsten wachsende jüdische Gemeinschaft Europas. Bundesregierung und Zentralrat begrüßen das wortreich, sprechen von kultureller Bereicherung und neuen Zukunftsperspektiven. In den Gemeinden allerdings tun sich die eingesessenen Juden mit den »Russen« so schwer wie die Deutschen mit den Türken – mit einem entscheidenden Unterschied: die Fremden stellen hier die Mehrheit.

Auch in seiner Gemeinde, klagt Blumberg, liest sich das Mitgliederverzeichnis inzwischen wie das Telefonbuch von Omsk oder Tomsk. Nicht dass er prinzipiell etwas gegen Zuwanderer hätte. Sein Vater ist 1948 auch aus Lublin gekommen. Aber der hat sich damals aus eigener Kraft eine Existenz aufgebaut. Hingegen diese Juris und Larissas: Bilden sich Gott weiß was ein auf ihre akademische Ausbildung, leben aber von Hartz IV. Wie Blumbergs Mutter immer zu sagen pflegt: »Professer – Brotfresser.« Der Gemeindehaushalt ist wegen der Zuwanderer schon in den roten Zahlen, weil die natürlich keine Abgaben zahlen, dafür aber jede Menge Unterstützung abkassieren. Schicken ihre Kinder kostenlos in die Kita, dürfen im Gemeinderestaurant ermäßigt speisen und kriegen zu Pessach Mazzen geschenkt. Eine Russin hat letztes Mal gleich zehn Packungen abgegriffen, hat die Sozialarbeiterin Blumberg erzählt. Jetzt wollen die Zuwanderer auch noch Geld für einen Schachclub und ein Kammerorchester. Zeit haben sie ja, arbeitslos wie sie sind. Zahlen dürfen dann wieder Leute wie Blumberg, der kürzlich ausgerechnet hat, dass er mit seinen Steuern und Gemeindeabgaben zwei russische Konzertpianisten plus Familien durchfüttert. Kein Wunder, dass die Russen alle hierher wollen statt nach Israel. Dort kann man sich diesen Sozialklimbim nicht leisten.

Natürlich sind nicht alle Zuwanderer Sozialfälle, erzählt Blumberg dem faszinierten Kleuser weiter. Manche sind durchaus solvent. Verdächtig solvent: Dieser Schapiro zum Beispiel. Keine sechs Monate im Land und fährt schon einen dicken Daimler, trägt eine Rolex am Handgelenk und staffiert seine wasserstoffblondierte Frau mit Pradakleidern und Nerzmänteln aus. Auf ehrliche Art kommt doch kein Mensch so schnell an so viel Kohle. Man liest ja viel in der Zeitung von der Russenmafia. So was bringt die alteingesessenen Gemeindemitglieder nur in Verruf. Dann heißt es wieder »die Juden«. Dabei ist nicht mal sicher, ob diese Leute wirklich jüdisch sind. Lewin oder Rabinowitsch kann sich schließlich jeder nennen. Jüdische Geburtsurkunden werden in der ehemaligen Sowjetunion für teures Geld auf dem Schwarzmarkt gehandelt, hat Blumberg in der Zeitung gelesen. Von Religion haben die Russen jedenfalls kaum Ahnung. Kürzlich ist einer von ihnen gestorben und wollte mit einer Flasche Wodka zusammen beerdigt werden. Das ging natürlich nicht, weil das jüdische Religionsgesetz, die Halacha, verbietet, Gegenstände mit der Leiche zusammen zu begraben. Die Familie von dem Russen hat aber so lange Stress gemacht, bis der Rabbi als Kompromiss erlaubt hat, den Schnaps in einem separaten Behälter neben den Sarg zu legen.

Was Blumberg noch mehr aufregt, ist, dass die Zuwanderer sich nicht integrieren wollen, sondern ständig zusammenglucken. Untereinander reden sie nur Russisch, wer weiß worüber. Eine regelrechte Parallelgesellschaft ist das. Neulich haben sie sogar verlangt, dass Gemeindeversammlungen simultan verdolmetscht werden sollen. Da hat ihnen Rosen, der Gemeindeälteste, aber die Meinung gegeigt: »Wir sind hier in Deutschland!«, hat er gebrüllt. Eigentlich: »Mir sajn in Tajtschland«. Rosen kommt, wie fast die gesamte Gründergeneration, ursprünglich aus Polen und spricht Jiddisch. Aber er hat, wie er betont, sich integriert, ist in der Bundesrepublik »hajmisch« geworden.

Das sind die Kinder der Zuwanderer, die hier aufgewachsen sind, inzwischen zwar auch, gibt Blumberg zu. Der Sohn von Gursky zum Beispiel. Der Alte kommt aus Charkow, betreibt eine Änderungsschneiderei und spricht kaum ein Wort Deutsch. Der Junior hat mit Stipendium Medizin studiert und ist inzwischen Oberarzt. Andere Zuwandererkinder haben sich als Anwälte oder Steuerberater niedergelassen. Einige junge Russen verdienen sogar als Schriftsteller und Künstler ordentliches Geld. Das ist schon anerkennenswert. Aber deswegen muss das Fernsehen nicht gleich, wie neulich, eine ganze Sendung über diese Leute machen und behaupten, sie seien das neue deutsche Judentum. Blumberg war schließlich schon vor ihnen da.

Zum Glück hat die Bundesregierung jetzt beschlossen, nicht mehr so viele Russen ins Land zu lassen. Wenn's dafür mal nicht schon zu spät ist. In Blumbergs Gemeinde stehen die Zuwanderer jedenfalls kurz vor der Machtübernahme. Im Sportverein Makkabi haben sie es bereits vorexerziert. Dort sitzt im Vorstand kein einziger Einheimischer mehr. Ähnlich wird es wohl bei der nächsten Gemeindewahl laufen. Da wollen die Russen, wie man hört, mit einer eigenen Liste antreten. Die Stimmen haben sie schon in der Tasche. Man weiß ja von Putin, wie das gemacht wird. Dann wird die jüdische Gemeinde endgültig umfunktioniert zu einem russischen Verein, in dem für deutsche Juden kein Platz mehr ist. Das ist der Dank dafür, dass man die

Zuwanderer mit offenen Armen aufgenommen hat. »Passen Sie nur auf«, sagt Blumberg zu Kleuser. »Mit den Türken wird das früher oder später genau so kommen!«

10.

Im Bett mit Rebekka: Sex und Partnerwahl

Neulich nachts, als Sie im Ehebett lagen, sinnierte Ihre Frau halblaut vor sich hin, ob es wohl wahr sei, dass beschnittene Männer länger könnten. Nein, das habe keinen konkreten Anlass, fügte sie rasch hinzu, als sie Ihr pikiertes Räuspern hörte: Sie habe das beim Friseur in der »Cosmopolitan« gelesen.

Die Brit Mila, zu deutsch Beschneidung, zählt zu den Grundgeboten des Judentums. »Ein jegliches Knäblein sollt ihr beschneiden bei euren Nachkommen«, schreibt das Dritte Buch Mose, Kapitel 17 vor. Aber nicht nur die Kinder Israels lassen ihrem männlichen Nachwuchs ein Stück der Vorhaut entfernen. Auch die Muslime und manche Christen, vor allem in den angelsächsischen Ländern, folgen der biblischen Weisung. Sogar das britische Königshaus, erzählt Blumberg stolz, lässt seine Söhne traditionell vom offiziellen Beschneider der Londoner Jüdischen Gemeinde am Penis operieren: Prince Charles sieht, wie Camilla

Parker-Bowles bestätigen könnte, in gewisser Hinsicht ziemlich jüdisch aus.

Ob so was nicht sehr wehtut, fragen Sie Ihren jüdischen Bekannten? Der kann sich nicht erinnern. Er war damals erst acht Tage alt. Und was mit den Spätfolgen sei, wollen Sie weiter wissen? In dem Artikel in der »Cosmo« stand, dass Psychologen glauben, der kleine Schnitt hinterlasse im Unterbewusstsein tiefe Narben. In Amerika haben sich deshalb Selbsterfahrungsgruppen gebildet, in denen beschnittene Männer gemeinsam um ihre verlorene Vorhaut trauern. Eine Firma bietet sogar künstliche Vorhäute aus Latex an, die man ersatzweise überstreifen kann. Blumberg hat davon noch nie gehört. Manche Leute hätten wohl eine Macke, kommentiert er knapp. Ob Sie nicht mal das Thema wechseln könnten. Schade: Die Frage, die Sie vor allem interessiert hat, nämlich wie das mit der Erektionsdauer ist, trauen Sie sich jetzt nicht mehr zu stellen. (Zu Ihrer Beruhigung: Es handelt sich um eine Legende. Auch unter Juden liegt, wie jüdische Frauen Ihnen bedauernd versichern werden, die durchschnittliche Verweilzeit im Rahmen der üblichen dreieinhalb Minuten.)

Überhaupt wird, wer sich von Sex mit Juden oder Jüdinnen exotische Erfahrungen analog zu Thaigirls oder Rastaboys erhofft, enttäuscht werden. Bei der beliebten Website »Youporn« gibt es, wenn man »jewish« eingibt, nur einen, für »israeli« schlappe zwei Treffer; beim Stichwort »german«, zum Vergleich, bekommt man 307 Filmchen zu sehen. Eine spezifisch jüdische Sexualität existiert auch nicht. Das Spektrum reicht von der Missionarsstellung bis zur »Vereinigung schwuler, lesbischer und bisexueller Jüdinnen und Juden in Deutschland e. V.«, mit Gruppen in Berlin, München und natürlich Köln. In Blumbergs Gemeinde nicht; dort sind alle normal.

Sein Doron Gott sei Dank auch. Der ist gerade 16 Jahre geworden und fängt an, hinter den Mädchen herzuschauen. Blumbergs werden ihn deshalb diesen Sommer zu einer überregionalen jüdischen Freizeit ins Engadin schicken. Offiziell dient die der Bildung. Auf dem Programm stehen Vorträge und Workshops über Religion, Politik und Kultur. Tatsächlich geht es allein ums Party machen. Das wissen natürlich die jüdischen Verbände, die das organisieren. Die Eltern sowieso. Herr und Frau Blumberg haben sich schließlich selbst bei einer solchen Veranstaltung kennengelernt. Das ist auch der Sinn der Sache. Die Jugendlichen sollen ihren hormonellen Übermut unter ihresgleichen austoben und sich frühzeitig in Richtung jüdische Partnerwahl orientieren. Blumbergs wollen nicht, dass ihre Kinder in ein paar Jahren, Gott behüte, mit einer Heidrun oder einem Torsten antanzen. Mit Abkapselung hat das aber nichts zu tun, betont Ihr Bekannter. Er und seine Frau wollen sich nur den Stress ersparen, einem eingeheirateten Goi alle Nase lang jüdische Bräuche und Traditionen erklären zu müssen. Die verstehen sie oft selbst nicht so genau. Außerdem müsste, wenn die Sache ernst würde, der Schwiegersohn oder die Schwiegertochter zum Judentum übertreten; das bringt bekanntlich nur Ärger. Nein, dann doch lieber jemand aus dem eigenen Stall.

Sie nicken. Das kennen Sie aus »Anatevka«, wo eine dicke Frau versucht, Tevjes Töchter an den Mann zu bringen. »Jente, o Jente« heißt das Lied. Sie haben die CD zu Hause. Blumberg muss Sie enttäuschen. In Deutschland gibt es so was nicht, erklärt er. Ehemakler, jiddisch Schadchen genannt, arbeiteten bis Ende des 19. Jahrhunderts in Osteuropa. Angeheuert wurden sie vor allem, wenn der Sohn oder die Tochter mangels eigener Attraktivität nicht von alleine genug Bewerber anzog. Fehlende Schönheit oder Intelligenz ließen sich durch eine entsprechende Mitgift ausgleichen. Den Verrenkungen des Schadchens beim Versuch, zusammenzubringen, was nicht zusammen passt, verdankt das Judentum zahllose gute Witze. Heute sind an die Stelle des Schadchens jüdische Internet-Kontaktbörsen getreten, wie www.jewish-dating.de. Blumberg hat kürzlich der Neugier halber dort mal reingeschaut, war aber eher enttäuscht. Hauptsächlich Gojim, die »schon immer mal eine/n jüdische/n Mann/Frau kennenlernen« wollten. Unter den paar Juden war die Mehrzahl russisch und die meisten Frauen ziemlich dick, wie Aljonka, 36, aus Kelkheim, die als Lieblingsessen angab: »Huhn, Fisch, Pasta, Rinderrouladen, Schokolade in allen Variationen, Crème Brûlée, Eiscreme, Walkers Scottish Butter Shortbread«. Bei den Männern stark vertreten war der Typus des Shlemiehls, neudeutsch Loser. Einer war angeblich »erfolgreicher Künstler, Fotograf und Science-Fiction-Autor«, wohnte aber mit 45 Jahren immer noch bei seinen Eltern. Der Nächste zitierte seitenlang die unanständigen Stellen aus dem Hohelied Salomos. Wieder ein anderer gab an: »Ich möchte gerne im Verkauf von koscheren Lebensmitteln arbeiten« – offenbar hatte er die Kontakt- mit einer Jobbörse verwechselt. Am lustigsten fand Blumberg Nora, 37, Sachbearbeiterin aus Ludwigsburg, die in ihrer Anzeige schrieb: »Zwischen jüdischen Menschen gibt es eine Art seelische Harmonie.« Wahrscheinlich eine gerade frisch Übergetretene, meint Blumberg. Die wird sich noch wundern.

11.

Mamme mia: Erziehung und Familienleben

Auwei, da sind Sie aber ins Fettnäpfchen getreten! Das Gespräch war auf die Kinder gekommen, Blumberg hatte erzählt, dass sein Doron im letzten Zeugnis einen Notenschnitt von 1,3 hatte, und Sie hatten lachend kommentiert: »Na, dann wird er später wohl Arzt!« Damit nicht genug, mussten Sie auch gleich noch den Witz über das jüdische Ehepaar erzählen, das in der Zeitung annonciert: »Herr und Frau Rosenberg freuen sich, die Geburt ihres Sohnes Dr. med. Jonathan Rosenberg bekannt zu geben.« Blumberg fand das gar nicht komisch.

Bildung wird im Judentum traditionell groß geschrieben. Ein Uniabschluss gehört in den meisten jüdischen Familien zu den Erziehungszielen. Auch Blumbergs Kinder sollen später mal studieren, an einer richtigen Uni, nicht nur, wie der Vater, an der Fachhochschule. Die Begabung dazu haben sie allemal, im Gegensatz zu manchen anderen Sprösslingen aus der Gemeinde, deren Eltern die Talente ihres Nachwuchses heillos überschätzen. Ostrowskys Sohn zum Beispiel: Dumm wie ein Stuhl, aber nur zwei Beine. Liegt in der Familie. Der Vater ist auch nicht gerade ein Genie. Aber meint, seinen Joel unbedingt auf die akademische Spur bringen zu müssen, obwohl der Junge eine Fünf nach der nächsten schreibt und schon zweimal sitzengeblieben ist. Als der Klassenlehrer dem Sohn deshalb empfohlen hat, auf die Realschule zu wechseln, hat der Alte Beschwerde beim Schulamt eingereicht: Amerikanische Wissenschaftler hätten erst kürzlich eine Studie vorgelegt, wonach Juden im Schnitt einen zehn Prozent höheren IQ haben als andere Leute. Und hochbegabte Kinder reagierten auf intellektuelle Unterforderung immer mit schlechten Leistungen.

Doron hat solche Mätzchen zum Glück nicht nötig. Der Junge ist wirklich begabt. Blumbergs haben kürzlich seinen IQ testen lassen. Auf 137 Punkte ist er gekommen. Nur knapp unter der Genialitätsgrenze, hat der Psychologe gemeint. Da müsste später locker eine Promotion drin sein. Einen Dr. Blumberg gab es noch nie in der Familie. Nein, kein Dr. med. unbedingt, betont Blumberg. Doron muss nicht, wie in dem doofen Witz, Arzt werden. Als Berater bei McKinsey verdient man heutzutage sowieso mehr.

»Wo wir gerade bei Klischees sind«, fährt Blumberg fort: »Kommen Sie mir bloß nicht als Nächstes mit der jüdischen Prinzessin!« Von der hatten Sie noch nie gehört, also muss

Blumberg erklären. Jüdische Prinzessinnen sind ein in Amerika gängiger Begriff für von klein auf verwöhnte Mädels aus gutem jüdischem Hause, deren Hauptbeschäftigung darin besteht, Geld auszugeben. Obwohl sie ihren Schulabschluss nur mit Ach und Krach geschafft hat, besitzt die jüdische Prinzessin ein enzyklopädisches Wissen über sämtliche hochklassigen Markenartikel von Aigner bis Zegna. Für Hausarbeit ist sie sich natürlich zu fein. Kochen kann sie auch nicht, weiß aber, wie man jederzeit im angesagtesten Restaurant einen Tisch bekommt. Mit Sex geht die jüdische Prinzessin sparsam um. Vorspiel heißt, dass ihr Mann eine halbe Stunde betteln muss. Denn einen Mann hat sie natürlich. Irgendwer muss ja das Geld ranschaffen. Wobei die Apanage selbstverständlich nie ausreicht. Überhaupt lässt der Gatte in jederlei Beziehung zu wünschen übrig, obwohl er froh sein sollte, dass sie ihn geheiratet hat. Schließlich hätte sie weiß Gott Bessere haben können, wie auch ihre Mutter stets bekräftigt.

Es gibt Tausende Witze über jüdische Prinzessinnen. Frank

Zappa hat sogar einen Song über sie geschrieben, der aber im Radio nicht mehr gespielt werden darf, weil er, wie der Begriff überhaupt, inzwischen als politisch unkorrekt gilt. Das ist auch gut so, meint Blumberg. Seine Miriam jedenfalls ist keine jüdische Prinzessin. Dass sie mit ihren dreizehn Jahren in Designerklamotten herumläuft, war nicht seine Idee oder die seiner Frau. Es liegt am Gruppendruck. Die anderen Mädchen im Jugendzentrum der Gemeinde tragen so was auch. Das Kind soll sich nicht als Außenseiterin fühlen müssen. Außerdem war die Escada-Teeniekollektion gar nicht so teuer. Frau Blumbergs Bruder ist in der Textilbranche und bekommt die Sachen zum Großhandelspreis. Und den großen Davidsternanhänger aus 999-Karat Gold mit echten Brillis hat die Großmutter Miriam zur Bat Mizwa geschenkt. Sparen können hätte sie sich dabei allerdings den Spruch: »Als ich so alt war wie du, war ich im Ghetto. Da gab es so was Schönes nicht!«

Immer wieder aufregen kann sich Blumberg auch über das Zerrbild der jiddischen Mamme, wie man es aus Philip-Roth-Romanen, frühen Woody-Allen-Filmen und neuerdings sogar von MTV kennt. Dort läuft eine Zeichentrickserie namens »South Park«, mit einer Figur, die »Kyle's Mom« heißt: Sie hat rote Haare, eine keifende Stimme, ist hysterisch, tyrannisch und fett. Doron schaut die Serie immer und findet sie lustig. Blumberg nicht. Seine Frau ist jedenfalls nicht so. Abgesehen davon, dass sie trotz der zwei Kinder und ihrer mittlerweile 40 Jahre ihr Gewicht erstaunlich gut gehalten ist, ist Frau Blumberg eine moderne Mutter, die ihren Nachwuchs nicht ständig begluckt oder gleich den Notarzt ruft, wenn der Sohn oder die Tochter mal erhöhte Temperatur hat. Sie hat sich auch abgewöhnt, die Kinder beim Frühstück zu fragen, ob sie saubere Unterwäsche anhaben, für den Fall, dass ein Unfall passiert und sie ins Krankenhaus müssen. Blumberg selbst hält sich aus der Erziehung weitgehend heraus. Nur in extremen Fällen greift er ein, wie kürzlich, als Doron sich ein Yin-Yang-Tattoo stechen lassen wollte. In ihrer Familie seien schon genug Leute tätowiert worden, hat er den Jungen angeherrscht. Ansonsten lassen Blumbergs ihren Kindern weitgehende Freiheit. Übermäßige Fürsorge kann zu Neurosen führen; darüber hat mal ein Erziehungsberater im Gemeindezentrum einen Vortrag gehalten. Wie so was endet, sieht man bei Braunsteins Ältestem. 27 Jahre alt und wohnt immer noch bei seinen Eltern. Die Mutter kontrolliert, ehe er morgens ins Büro geht, immer ob sein Hemd auch sauber ist und die Krawatte richtig sitzt. Außerdem gibt sie ihm Selbstgekochtes für die Mittagspause mit, weil man nicht weiß, was für Bakterien im Kantinenessen sein könnten. Kein Wunder, dass der Junge keine Frau findet, trotz mittlerweile drei Jahren Therapie.

So soll es Doron und seiner Schwester nicht ergehen. Frau Blumberg hat sich auch geschworen, dass, wenn die Kinder erst erwachsen sind, sie nicht jeden Tag dreimal bei ihnen anrufen wird, wie ihre eigene Mutter es immer macht: »Warum meldest du dich nie? Hab ich dir was getan?« Sie wird auch nicht, wie ihre Schwiegermutter, beim Pessachessen im Familienkreis jedes Jahr aufs Neue ihren Sohn ins Eck stellen: »Leo Goldenbaum ist drei Jahre jünger als du und hat schon Prokura. Wieso schaffst du das nicht?«

12.

Kein Klezmer bitte, wir sind schon jüdisch: Kultur

Sie waren über Pfingsten mit Ihrer Frau in Berlin. Natürlich haben Sie dort das Jüdische Museum besichtigt. Sehr beeindruckend, erzählen Sie Blumberg. Schon das Gebäude von dem berühmten Architekten, wie heißt er nochmal? Nein, nicht Eisenman, das ist der mit dem Holocaustmahnmal. Das haben Sie selbstverständlich auch gesehen. Das Museum jedenfalls ist ein Erlebnis. Sie hatten gar nicht gewusst, dass Juden schon seit dem Jahr 351 in Deutschland leben.

Blumberg auch nicht. Seine Familie, sagt er, ist erst 1948 hierher gezogen. Und das Jüdische Museum in Berlin hat er noch nie besucht. Auch nicht das in Frankfurt, München, Fürth, Rendsburg oder Buttenhausen, Landkreis Reutlingen. 32 solcher Einrichtungen gibt es in Deutschland insgesamt. Pro Kopf der Bevölkerung sind das mehr als sonstwo auf der Welt. Selbst die USA mit 300 Millionen Menschen, davon sechs Millionen Juden, bringen es nur auf schlappe 51 jüdische Museen.

Die meisten jüdischen Museen stehen in der Provinz und sind als Erinnerungsstätten konzipiert. Sie sollen an das ausgelöschte jüdische Leben in der jeweiligen Stadt oder Region gemahnen. Man sieht dort deshalb häufig Pappmodelle niedergebrannter Synagogen sowie Fotos einstiger jüdischer Lokalgrößen. In Audio- und Videoinstallationen erzählen frühere jüdische Bewohner, die 1933 ff noch rechtzeitig die Kurve gekriegt hatten, aus ihrem Leben. Zwar gibt es in den meisten Orten auch wieder lebende Juden. Aber die kommen in den Ausstellungen, wenn überhaupt, nur am Rande vor. In Blumbergs Stadt sollte auch ein jüdisches Museum gebaut werden. Eine gojische Bürgerinitiative hatte sich dafür eingesetzt. Die Kommune hatte dafür jedoch kein Geld. Ein Glück, meint Blumberg. Dort als Jude hinzugehen wäre gewesen, als ob Viecher sich im Naturkundemuseum ihre ausgestopften Artgenossen anschauen würden.

Aus dem gleichen Grund kann Ihr jüdischer Bekannter auch mit Klezmermusik wenig anfangen. Auf Gesamtbevölkerung und Grundfläche berechnet, finden nirgends auf der Welt mehr Konzerte ostjüdischer Folklore statt als in der Bundesrepublik. Bevor die große Klezmerwelle losbrach, kannte Blumberg das Klarinetten-und-Geigen-Geschluchze kaum. Seine Eltern stammen zwar aus Polen, hörten aber lieber Operetten. Oder die LP, auf der Tom Jones »My yiddische Mamme« sang. Inzwischen läuft sogar im Autoradio, wenn Blumberg zur Arbeit fährt, Klezmer. Die Interpreten sind in der Regel Christen, deren Jiddisch klingt, als hätten sie es aus »Jud Süss« gelernt. Neulich, bei einem Empfang im Rathaus für ehemalige jüdische Bürger der Stadt, ist eine Gruppe namens »Jidl mitn Fidl« aufgetreten, deren Mitglieder alle aus der evangelischen Jungschar stammten. Die Gäste, ehemalige deutsche Juden in vierter und fünfter Generation, konnten mit dem osteuropäischen Gedudel natürlich nichts anfangen. Ob das türkische Volkslieder seien, fragte einer der älteren Herrschaften etwas verwirrt.

Blumberg hört lieber ABBA. Und wenn er mal Zeit hat, ins Kino zu gehen, dann in einen Bond oder Indiana Jones. Jedenfalls nichts Jüdisches. Außer manchmal Woody Allen. Einmal hat seine Frau ihn in einen Film mitgeschleppt, »Rosengarten« oder so, über deutsche Frauen, die ihre jüdischen Männer vor den Nazis retten. Gott, war das langweilig! Danach hat er sich geschworen, nie wieder ins Kino zu gehen, wenn in der Inhaltsangabe das Wort »jüdisch« vorkommt. Eine Ausnahme hat er dann doch bei dem »Zucker«-Film gemacht, von dem alle erzählt haben. War ganz nett, aber ein zweiter Lubitsch ist der Regisseur nicht, hat Proskers Tochter gemeint, die an der Filmhochschule studiert. Realistisch war der Streifen auch nicht wirklich. Blumberg kennt in seiner Gemeinde jedenfalls keine solchen Leute. Bis auf Wechselbergs Frau, die ist genauso fett wie die eine Schauspielerin.

Mit zeitgenössischer jüdischer Literatur sich zu beschäftigen, fehlt Blumberg leider die Zeit. Ephraim Kishon mag er ganz gerne. »Portnoys Beschwerden« von Philip Roth hat er ebenfalls gelesen. Seitdem kann er keine Leber mehr essen. Vor ein paar Jahren hat Blumberg auch den Roman über einen jungen Juden im heutigen Deutschland angefangen, von dem Dingsda, der gelegentlich im Fernsehen auftritt. In der Zeitung hatte gestanden, das Buch markiere einen Neubeginn der deutsch-jüdischen Literatur. Zu Ende gelesen hat Blumberg das Buch nie. Er fand es nicht spannend. Und der innerjüdische Tratsch darin war auch nicht neu. Beim Kiddusch hört man bessere Geschichten, wenn nach dem Schabbatgottesdienst die Gemeindemitglieder zwanglos zusammenstehen. Außerdem gab es in dem Buch für Blumbergs Geschmack zu viele schweinische Stellen. Er hat es deshalb weggestellt, damit die Kinder es nicht in die Finger kriegen.

Die Diskussion neulich im Fernsehen zum Thema »Ein neues deutsches Judentum?« hat Blumberg ebenfalls verpasst. Schon weil sie um 23.45 Uhr lief, wenn vernünftige Leute längst im Bett sind und schlafen. Schade eigentlich, denn den Professor, der dort auftrat, kennt er. Na ja, nicht direkt. Aber sein Vater. Der hat früher mit Textilien gehandelt und gelegentlich versucht, seinen Schmattes auch Blumberg senior anzudrehen. Und der Sohn ist jetzt Leiter eines eigenen Forschungsinstituts an der Uni mit 20 Mitarbeitern und einem Etat von 5 Millionen jährlich. Solche

Einrichtungen hat Deutschland inzwischen fast so viele wie jüdische Museen. In Heidelberg gibt es sogar eine eigene jüdische Hochschule. Alles natürlich aus Steuermitteln finanziert. »Dafür hamse Geld!«, pflegte Blumbergs Vater in solchen Fällen immer zu sagen. Immerhin erfüllen diese Einrichtungen auch nützliche Zwecke. Liebmanns Tochter ist bei einer als Assistentin untergekommen. Wo hätte sie sonst hingehen sollen mit ihren 18 Semestern Soziologie und Kunstgeschichte, unverheiratet wie sie ist? Allemal besser als bei Aldi an der Kasse zu sitzen. Hauptsache, sagt Blumberg, sein Doron kommt nicht auf die Idee, an einem dieser Institute zu studieren. Aus dem Jungen soll schließlich mal was Anständiges werden.

13.

Nichts gegen Juden:
Antisemitismus und andere Unannehmlichkeiten

Zwanzig Prozent aller Deutschen haben antisemitische Vor-
urteile, hören Sie am Morgen im Autoradio, als Sie zur Arbeit
fahren. In der Zeitung ist sogar die Rede von einem Drittel der
Bevölkerung. Und abends in den Tagesthemen schätzt ein Wissenschaftler im Interview die Zahl der Leute, die keine Juden
mögen, gleich auf 45 Prozent. Aber der Mann ist selbst jüdisch
und deshalb vielleicht ein bisschen überempfindlich.

»Haben Sie auch unter Antisemitismus zu leiden?«, fragen
Sie Ihren Freund Blumberg, als Sie ihn das nächste Mal treffen.
Der überlegt. Ja doch, in der Schule, als er 15 war, hat ihn ein
Klassenkamerad einmal als »Itzig« bezeichnet. Er kannte das
Wort nicht, fragte seine Eltern, was es bedeutet, und hat dann
am nächsten Tag dem Typen eine gescheuert. Damit war die
Sache erledigt. Und heute, wollen Sie wissen? Im Büro zum Bei-
spiel? Nein, sagt Blumberg. Benecke kann ihn zwar nicht leiden

und tituliert ihn hinter seinem Rücken als Arschkriecher, aber nur weil Blumberg, und nicht er, damals die Bereichsleiterstelle bekommen hat. »Jüdischer Arschkriecher« hat er jedenfalls nie gesagt. Viel nerviger ist Wenzel, der, immer wenn im Fernsehen was über den Holocaust gelaufen ist, sich tags drauf in der Kantine zu Blumberg an den Tisch setzt, von seinen Großeltern erzählt, die '45 aus Teplitz-Schönau vertrieben wurden, und fragt, ob das denn nicht auch ein Verbrechen gewesen sei. Oder Frau Hausmann aus der Personalabteilung, die Vegetarierin ist und von ihm immer wissen will, warum beim Schächten die armen Tiere so gequält werden. Dabei kauft Blumberg sein Fleisch bei Edeka, wie andere Leute auch. »Und wieso Rauter sich bei mir beschwert, wenn sein Vermieter die Nebenkosten um 20 Prozent raufsetzt, versteh ich auch nicht. Der Mann heißt zwar Rosen, ist aber evangelisch. Ich hab extra in der Gemeinde nachgefragt.«

Sonst nichts, wollen Sie wissen? Blumberg denkt nach. Dorons Sozialkundelehrerin fällt ihm ein, die im Unterricht erzählt hat, das Judentum sei patriarchalisch, weil die Frauen in der Synagoge auf der Empore sitzen müssen. Sie hat den Jungen auch nach dem Gebet gefragt, bei dem jüdische Männer jeden Morgen Gott danken, dass sie keine Frauen sind. Doron hatte davon noch nie gehört. Er schafft mit Ach und Krach gerade mal das Glaubensbekenntnis. Dann war da noch die Friseuse, die Frau Blumberg beim Haaretönen immer versichert hat, wie sympathisch sie sei und dass sie persönlich nichts dafür könne, dass die Juden den Herrn Jesus ans Kreuz geschlagen hätten. Frau Blumberg hat das nicht ernst genommen, bis die Friseuse eines Abends mit noch einem von ihrer Sekte an der Haustür stand und Blumbergs überreden wollte, sich taufen zu lassen. Er hat die beiden höflich abgewimmelt, ihnen aber noch die Adressen von ein paar Leuten aus der Gemeinde mitgegeben, die er nicht leiden kann, und vorgeschlagen, es doch mal bei denen zu versuchen. Frau Blumberg lässt sich jetzt die Haare woanders machen.

Das hätten Sie nicht gemeint, sagen Sie. Was denn mit richtigem Antisemitismus sei. »Mit Hakenkreuzen und so?«, fragt Blumberg. Wenn im Fernsehen darüber etwas läuft, zappt er immer schnell weiter. Er will sich die Laune nicht verderben lassen und am Ende so paranoid werden wie Pommer. Der befasst sich mit nichts anderem, gibt jeden Tag bei Google-News das Stichwort »Antisemitismus« ein, druckt sich die Seiten aus und hortet sie in Leitzordnern. Gut zwanzig hat er bereits voll und ist davon schon ganz meschugge. Neulich hat er sich beim Kinobesitzer beschwert, weil der einen Film mit Jude Law auf den Plakaten annonciert hatte. Bei christlichen Schauspielern gebe man ja auch nicht die Religion an. Und als er vorigen Monat bei der Kfz-Zulassungsstelle nach zwei Stunden immer noch nicht drangekommen war, hat Pommer einen Brandbrief an die Stadtverwaltung geschrieben: Er werde antisemitisch diskriminiert.

Sogar die Türken habe man vor ihm bedient. Es hat sich dann herausgestellt, dass Pommer bloß nicht wusste, dass man aus dem Automaten eine Nummer ziehen muss, die dann aufgerufen wird. »Was haben wir gelacht in der Gemeinde.«

Einem richtigen Judenhasser persönlich begegnet ist Blumberg nur einmal, vor vier Wochen in der Fußgängerzone, wo die NPD einen Infostand aufgestellt hatte. Aus Neugier ist er stehengeblieben und hat sich mit dem kurzgeschorenen jungen Mann mit der Lederjacke unterhalten. Der hat ihm erzählt, dass das neue Hallenbad nicht gebaut werden kann, weil die Stadt bei jüdischen Banken von der US-Ostküste verschuldet ist, wegen der vielen Wiedergutmachungszahlungen an Israel. Die Puffs hinterm Bahnhof würden auch alle von Juden betrieben. »In der Zeitung hat gestanden, das seien Albaner«, hat Blumberg eingeworfen. Ja, albanische Juden, hat der NPD-Mann gesagt. Ob Blumberg nicht wisse, dass in Deutschland fünf Millionen Juden lebten – »dabei sind die doch angeblich alle umgekommen, hähä« –, die überall die Fäden zögen. Der Jude Sommer von der Telekom – »Aaron, nicht Ron« – zum Beispiel, mit dessen Aktien unzählige Deutsche ihre Ersparnisse verloren hätten. Im Fernsehen sehe man auch nur noch Juden – »ich sag bloß Friedman«. Und erst die Politik: Der Schily sei mit einer Jüdin verheiratet und habe deswegen die NPD verbieten wollen. Und Helmut Kohl heiße in Wirklichkeit Henoch Kohn, das könne man im Internet nachlesen. »Das wüsste ich aber«, hat Blumberg gesagt und sich zu erkennen gegeben. Der junge Mann war daraufhin völlig von der Rolle und fing an zu kreischen: Das sei eine Provokation, er könne Juden auf 100 Meter erkennen, Blumberg habe sich als Arier getarnt. Das hat Ihren Freund wirklich gekränkt: »So eine Unverschämtheit! In meiner Familie waren alle immer schon blond.«

14.

Jidden und Jeckes:
Deutsch-jüdische Brauchtumspflege

Ihre Tochter muss für den Deutsch-Leistungskurs ein Referat über Walter Benjamin schreiben und bittet Sie, Ihren jüdischen Bekannten zu fragen, ob er ihr dabei vielleicht helfen könnte. Der winkt bedauernd ab: Mit so was kennt er sich nicht aus, er hat BWL studiert. Wer denn dieser Benjamin sei? Sie sind erstaunt. Walter Benjamin gehört zum deutsch-jüdischen Kulturerbe, sagen Sie, das sei doch Blumbergs Tradition. Eigentlich nicht, erklärt der. Seine Familie kommt aus Polen, ist 1948 hier in einem Flüchtlingslager gelandet und wollte eigentlich nach Kanada auswandern; nur hat es mit dem Visum nicht geklappt, also sind sie hier geblieben. Sich deutsch zu verständigen, war kein Problem, schließlich sprachen die Eltern Jiddisch. Deutsche Kultur – Börries von Münchhausen und Heinrich Böll – haben die Kinder dann in der Schule gelernt. Daheim las man lieber Scholem Alejchem. Das war praktisch bei allen in der Gemeinde so.

Und richtige deutsche Juden, fragen Sie weiter? Gibt es von denen gar keine mehr? Blumberg reagiert eingeschnappt: Ein richtiger Deutscher sei er ja wohl auch! Was Sie wahrscheinlich meinten, seien Jeckes. So hat man früher in Osteuropa und später in Israel die assimilierten deutschen Juden genannt, die glaubten, sie seien etwas Besseres als ihre osteuropäischen Verwandten, weil sie Hochdeutsch sprachen statt Jiddisch und vermeintlich voll integriert waren. »Wie man dann ja gesehen hat!« In Blumbergs Gemeinde gibt es auch einen Jecke, Bergmann. Der erzählt bei jeder Gelegenheit, dass seine Familie urkundlich nachgewiesen schon seit 1723 ortsansässig ist und dass sein Großvater im Ersten Weltkrieg das Eiserne Kreuz bekommen hat. Bergmann hat sich auch freiwillig zum Bund gemeldet, als er 18 war, obwohl Kinder von Verfolgten damals von der Wehrpflicht freigestellt waren. Einmal ist er sogar in Fähnrichsuniform zum Schabbatgottesdienst in der Synagoge erschienen. Der alte Warscher hat fast einen Herzinfarkt bekommen, weil er glaubte, er werde schon wieder abgeholt. Nachdem Bergmann dann auch noch beim Heimatverlag ein Buch über jüdische Lokalgeschichte veröffentlicht hat, das mit den Deportationen 1941 und den Worten endet »Seitdem gibt es in unserer Stadt kein deutsch-jüdisches Leben mehr«, ist er in der Gemeinde unten durch.

Blumberg pflege dann wohl eher das ostjüdische Erbe, fragen Sie? Nicht wirklich, sagt er. Die Alten haben noch untereinander Jiddisch gesprochen. Er selbst kann die Sprache nicht, nur noch ein paar Flüche. »Sollst alle Zähn verlirn bis oif einem fir Zahnschmerts« zum Beispiel. Und ein paar jiddische Ausdrücke wie Kapores oder Schmock. Kapores sind Probleme, wie sie Blumberg gerade mit seinem Wagen hat, bei dem ständig die Bremsflüssigkeit ausläuft. Was musste er sich auch unbedingt einen Italiener kaufen. Und ein Schmock ist, kurz gesagt, ein dummes Arschloch. Der Kantor zum Beispiel, der bei der Beerdigung von Dubowskys Mutter nach dem Totengebet die Trauernden gefragt hat, ob sie schon seine CD kennen und kaufen möchten. In seiner Aktentasche hatte er zwanzig Stück auf den Friedhof mitgebracht, der Schmock.

»Und Gojim«, sagen Sie triumphierend. »Das ist doch ein Schimpfwort für Nichtjuden!« Blumberg wird etwas verlegen. Eigentlich, erklärt er, bedeutet Goi nur Nichtjude und ist überhaupt nicht abfällig gemeint. Aber die Gojim glauben das. Deshalb hat der Rabbiner kürzlich die Gemeindemitglieder ermahnt, das Wort nicht mehr zu verwenden, um die deutsch-jüdische Verständigung nicht zu gefährden. Blumberg hat ihn daraufhin gefragt, ob »deutsch-jüdische Verständigung« nicht auch politisch unkorrekt sei: Deutsche seien sie schließlich alle. Wie er denn die Gojim nennen solle? Der Rabbi hat dann vorgeschlagen, dem Beispiel des Zentralrats zu folgen, der immer von »jüdischen und nichtjüdischen Bürgern« redet. Aber das ist Blumberg zu kompliziert: »Bis ich das richtig ausgesprochen habe, weiß ich gar nicht mehr, was ich eigentlich sagen wollte.«

Eigentlich finden Sie es schade, dass Blumberg auf seine Traditionen nicht mehr gibt. Gerade als Deutscher spüren Sie da schließlich eine historische Verantwortung. Umso erfreulicher, dass es inzwischen Juden gibt, die sich des ausgelöschten ostjüdischen Erbes wieder besinnen. In der Stadt haben Sie in letzter Zeit des Öfteren Männer mit Bärten, schwarzen Mänteln und breitkrempigen Hüten gesehen, wie man sie von alten Bildern aus Polen früher kennt. »Das sind Amis«, sagt Blumberg. Es handele sich um Missionare einer ultraorthodoxen Sekte aus Brooklyn, die in die ganze Welt ausströmten, um Juden zur Frömmigkeit zu bekehren. Sehr rührig, diese Leute: Bieten Religionsunterricht an, machen Freizeitveranstaltungen, organisieren Ausflüge für die Kinder. Und alles umsonst. »Weiß der Henker, woher sie das Geld haben.« Die Gemeinde hat nichts dagegen, sie ist froh, dass auf diese Art ihr knapper Etat entlastet wird.

Blumbergs Sohn Doron haben die Missionare auch schon angesprochen, ob er nicht mal zu einer ihrer Schabbatfeiern kommen wolle. Blumberg möchte das aber nicht. Sonst geht es ihm am Ende wie Goldenbaums. Deren Tochter Rachel läuft seit einem halben Jahr zu diesen Leuten und hat sich seither völlig verändert. Trägt knielange Röcke, betet ständig und hat ihre Mutter aufgefordert, einen zweiten Kühlschrank anzuschaffen, um milchige und fleischige Speisen zu trennen, wie die Thora es vorschreibt. Sogar zu jiddeln hat das Mädchen mittlerweile angefangen. Wenn Doron, Gott behüte, auch in dieses Fahrwasser käme, würde der Junge sich die ganze Zukunft verbauen. Mit Kippa auf dem Kopf und Gebetsfäden an der Hose schafft man es in keinem Unternehmen ins höhere Management. »Nichts gegen Tradition«, meint Blumberg. »Aber übertreiben muss man's auch nicht.«

15.

Mitbürger: Politik und Gesellschaft

An den Laternenmasten hängen Pappplakate mit vertrauen-
erweckend lächelnden Gesichtern. Im Briefkasten stecken
neben den Zetteln des 24-Stunden-Pizzalieferservices und der
TV-Sofortreparatur jede Menge politischer Faltblätter. Vor dem
neuen Shoppingcenter haben Parteien Stände aufgebaut. Es ist
Wahlkampf.

»Was wählen denn die Juden?«, fragen Sie Blumberg. Der
schaut Sie entgeistert an. Ob Sie ernsthaft glaubten, fragt er, dass
in seiner Gemeinde alle gleich abstimmen? In Amerika sei das
doch auch so, verteidigen Sie sich und verweisen auf einen Artikel in einem Nachrichtenmagazin. Dort ging es um jüdische
Wählerblöcke in den USA, von deren Stimmen es abhänge, wer
Präsident werde. Blumberg hält das für Blödsinn. Seine Frau hat
Familie in St. Louis/Missouri; bei denen gehen die Meinungen
politisch völlig auseinander. Als Blumbergs voriges Jahr dort

zu Besuch waren, haben sich die amerikanischen Verwandten beim Freitagabendessen wegen des Irakkriegs so in die Wolle bekommen, dass sie sogar vergessen haben, den Schabbatsegen aufzusagen.

In Blumbergs Gemeinde ist es nicht anders. Jede Partei hat dort ihre Anhänger, außer den Rechten vielleicht. Obwohl er Weill selbst das zutrauen würde, so wie der gegen die geplante Moschee in seinem Stadtviertel zetert. Und Gornik wählt wahrscheinlich PDS oder wie die jetzt heißt. Das liegt in der Familie. Schon der Vater war Kommunist. In der Gemeinde hat man ihm das aber nachgesehen, weil er beim Jom-Kippur-Gottesdienst so schön das Widderhorn blies.

Blumbergs Vater hat immer die Partei gewählt, die gerade an der Regierung war. Bei Kommunalwahlen die eine, zum Landtag die andere und im Bund je nachdem. Als Jude müsse man zusehen, sich nicht mit den Mächtigen anzulegen, hat er gesagt. Das war noch der alte Ghettoinstinkt, meint Blumberg. Seine Generation, die in der Bundesrepublik aufgewachsen ist, geht mit Politik entkrampfter um und folgt bei Wahlen ihren Überzeugungen. Seit er leitender Angestellter in seiner Firma ist, kreuzt Blumberg CDU an. Da ist er sich mit seinem Chef völlig einig. FDP ginge theoretisch auch, ein sehr vernünftiges Steuerprogramm haben die Leute; aber über gewisse Sachen muss noch Gras wachsen. Einmal hat Blumberg auch die Grünen gewählt; aber das war vor 20 Jahren, als er noch lange Haare hatte. Der Rabbiner stimmt wahrscheinlich immer noch für die, so wie der in seinen Predigten ständig auf der Klimakatastrophe rumreitet. Neulich hat er sogar vorgeschlagen, auf dem Synagogendach einen Sonnenkollektor anzubringen. Als ob man in der Negevwüste sei statt im Ruhrgebiet. Außerdem findet Blumberg die Dinger schon in Israel potthässlich.

SPD-Wähler gibt es in der Gemeinde natürlich auch. Schechter ist sogar Mitglied und steht auf der Liste für die Ratswahl. Allerdings ziemlich weit hinten. Für einen Sitz wird es wohl nicht reichen, selbst wenn alle Juden der Stadt SPD wählen würden. Was nicht passieren wird, im Gegenteil. Bei den vielen Feinden, die Schechter in der Gemeinde hat, kostet seine Kandidatur die Partei wahrscheinlich eher Stimmen.

Eigentlich schade, meint Blumberg. Zwar kann er Schechter auch nicht leiden. Aber er findet es gut, wenn Gemeindemitglieder sich gesellschaftlich engagieren. Schon um zu zeigen, dass die Juden sich nicht abkapseln, wie manche behaupten. Natürlich muss man sich dabei nicht gleich so vordrängeln wie Kolatzsch. Der vertritt die Gemeinde im Beirat der Volkshochschule und im Vorstand der Stiftung »Nie vergessen«; außerdem sitzt er als sachkundiger Bürger mit beratender Stimme im Sozialausschuss. Ein richtiger Moische Wichtig. Führt überall das große Wort. So was kann leicht Ärger geben. Man muss die Leute ja nicht provozieren.

Blumberg selbst hat für derartige Aktivitäten keine Zeit. Vor zwei Jahren hatte die Gemeinde ihn gefragt, ob er nicht in den Vorstand des neu gegründeten »Bündnisses gegen Rechts« gehen könnte. Die hatten angerufen, sie brauchten noch jemand Jüdisches. Blumberg hat abgewinkt. Broch hat es dann gemacht. Als Lehrer kann er sich das leisten. Blumberg überlegt aber jetzt, bei den Rotariern aktiv zu werden. Sein Chef hat ihn neulich eingeladen, mal zu einem Treffen mitzukommen. Kann beruflich sicher nicht schaden. Außerdem wäre es eine willkommene Möglichkeit, Adelstein zu ärgern, der in der Synagoge immer mit seiner wichtigen Funktion bei der Industrie- und Handelskammer angibt. Dabei ist er dort nur dritter Schriftführer.

Gemeindepolitisch engagiert sich Blumberg nicht. Da wird für seinen Geschmack zu viel intrigiert. Jetzt wollen einige sogar den Vorsitzenden absägen. Das findet Blumberg unfair. Man soll dem alten Mann doch die Freude gönnen. Ganz stolz ist er darauf, dass er zu offiziellen Feierstunden immer ins Rathaus eingeladen wird und vorne in der zweiten Reihe sitzen darf, neben dem katholischen Prälaten und dem evangelischen Stadtdekan. Sonst sieht er den Oberbürgermeister immer nur am 9. November, wenn der einen Kranz vor der Synagoge niederlegt und eine kurze Rede hält. Beim letzten Mal hat der OB gesagt, wie dankbar die Stadt ist, dass trotz der schlimmen Ereignisse von damals inzwischen wieder so viele geschäftstüchtige Mitbürger hier leben. Auf die vor über einem Jahr beantragten 25 000 Euro Zuschuss für die Asbestsanierung ihrer Kita wartet die Gemeinde trotzdem immer noch. Der Vorsitzende ist aber jetzt optimistisch. Demnächst wird eine Delegation aus der israelischen Partnerstadt zu Besuch erwartet; bis dahin müsste die Sache durch sein. Die Stadt will zu diesem Anlass auch die Sackgasse hinter dem Gemeindezentrum feierlich in »An der Synagoge« umbenennen; bisher heißt sie »Holzweg«. Der OB soll in kleinem Kreis geäußert haben, die Stadt könne sich keine diplomatischen Verwicklungen leisten. Die Israellobby sei sehr mächtig. »Der glaubt das wahrscheinlich wirklich«, wundert sich Blumberg.

16.

Kleine Sünden: Rauchen, Unzucht, Völlerei

In letzter Zeit haben Sie Blumberg selten gesehen. Das lag nicht an ihm. Sie hatten keine Lust mehr, ihn in der Kneipe zu treffen, seit dort Rauchverbot herrscht. Alle halbe Stunde sich entschuldigen zu müssen, um kurz vor die Tür zu gehen und eine zu paffen, ist Ihnen zu blöd. Jetzt ist es glücklicherweise wärmer geworden. Man kann draußen sitzen und in Ruhe seine Zigarette zum Bier genießen.

Blumberg hat das Problem nicht. Er ist Nichtraucher. Das hat aber keine religiösen Gründe, wie er Ihnen auf Ihre Nachfrage hin erklärt. Gläubige Juden dürfen nur am Schabbat und an einigen Feiertagen nicht rauchen, weil dann Feuermachen jeder Art verboten ist. Was aber selbst die frömmsten Nikotinabhängigen nicht davon abhält, ihrer Sucht zu frönen. Sogar Dessauer, der sonst vorbildlich die Gebote einhält und sogar keine Kaschmir-Leinen-Sakkos trägt, weil in der Thora steht, dass man tierische und pflanzliche Fasern nicht mischen darf, zündet sich nach dem Gottesdienst heimlich eine an. Auch an Jom Kippur, dem höchsten Feiertag, qualmt er. Das 24-Stunden-Fastengebot, hat er gesagt, steckt er problemlos weg, aber nach zehn Stunden ohne Kippe kriegt er Kreislaufprobleme. Blumberg wirft ihm das nicht vor. Er selbst geht an Jom Kippur zwischendurch aus dem Gottesdienst, um im Café um die Ecke eine Hühnerbrühe und ein Brötchen zu essen. Der liebe Gott wird ja wohl nicht wollen, dass er sich vor lauter Fasten einen Unterzuckerungsschock holt. Außerdem sitzt im Café die halbe Gemeinde.

In Amerika, berichtet Blumberg, hatte vor ein paar Jahren die Rabbinerkonferenz ein Edikt geplant, mit dem das Rauchen religiös verboten werden sollte. Grundlage war ein talmudischer Kommentar von Maimonides, der alle Handlungen untersagt, die der Gesundheit schaden. Das Edikt ist aber dann nicht zustande gekommen, weil einige Rabbiner – die meisten von ihnen wahrscheinlich selbst Raucher – argumentiert haben, dann müsste auch der Genuss von Rinderbraten mit fetter Sauce und Cremetorte untersagt werden. An deren Folgen würden jedes Jahr auch Tausende von Juden sterben.

Hat eine gewisse Logik, meint Ihr jüdischer Bekannter. Sonst müsste man auch Alkohol verbieten. Was natürlich nicht geht. Wein gehört seit biblischen Zeiten zum festen Schabbat- und Feiertagsritual. Auch bei Blumbergs daheim wird am Freitagabend der Schabbat mit einem Glas Wein und dem dazugehörigen Segensspruch eingeläutet. So ist es Tradition. An Purim, dem jüdischen Karneval, ist es sogar Brauch, sich zu betrinken und danebenzubenehmen, ganz wie beim christlichen Pendant. Blumberg hält sich dabei allerdings zurück. Überhaupt ist er ein mäßiger Trinker. Ab und zu ein paar Gläser Bier oder Wein, ganz selten mal einen Schnaps. Ja, werfen Sie ein, das haben Sie auch schon gehört. Ihre Mutter hatte mal gesagt, man könne gegen die Juden sagen, was man wolle, aber wenigstens saufen würden sie nicht. Der Philosoph Immanuel Kant meinte, dass die Juden wenig trinken, um in der christlichen Mehrheitsgesellschaft nicht unangenehmer aufzufallen, als sie es ohnehin tun. Blumberg hat allerdings eine andere Erklärung gehört. Kuttner, der Arzt ist, hat ihm mal erläutert, der Grund für die jüdische Zurückhaltung beim Alkohol sei eine Genmutation. Bei vielen Juden, das hätten wissenschaftliche Untersuchungen ergeben, werde das Enzym, das Alkohol im Körper abbaut, nur unzureichend produziert. In anderen Worten, sie vertragen nicht sehr viel. Kuttner hat auch erzählt, eine andere Studie aus Amerika habe ergeben, dass Juden zwar weniger trinken als Gojim, dafür aber neurotischer sind: Wenn man in beiden Gruppen die Zahl der Alkoholiker und der psychisch Gestörten addiere, komme man in etwa auf die gleiche Menge. Was den einen Harald Juhnke, sei den anderen Woody Allen.

Manchmal kommt auch beides zusammen, wie bei dieser englischen Sängerin, deren Lieder Doron ständig hört. Amy Weinberg oder so. Völlig meschugge, das Mädchen, säuft wie ein Loch und Heroin nimmt sie auch. Im Fernsehen hat es geheißen, dass sie jetzt nach Israel zu einer Entziehungskur soll. Wenn das mal nicht danebengeht. Als Blumberg vorigen Dezember an der Strandpromenade von Tel Aviv spazieren war, hat es dort so intensiv nach Shit gerochen wie auf den besten Feten seiner Jugendzeit. In einer deutschen Gemeinde soll es einen jungen Rabbiner gegeben haben, der auch regelmäßig kiffte. Er hat das, als er darauf angesprochen wurde, mit irgendwelchen Stellen aus der Thora gerechtfertigt, in denen stehe, dass das Riechen an würzigen Kräutern ein heiliger Akt sei: Er rezitiere auch immer den entsprechenden biblischen Segensspruch, bevor er sich einen Joint reinziehe. Rausgeschmissen haben sie ihn trotzdem. Jetzt ist er in New York. Da passt er auch hin. Bei fast einer Million Juden ist dort für jeden etwas dabei: Synagogen für Transvestiten, Gottesdienste mit Yogaübungen, sogar orthodoxe Swingerpartys gibt es. Die amerikanischen Verwandten seiner

Frau haben das erzählt und als sie es nicht glauben wollte, eine Anzeige aus dem Internet gemailt: »Wir suchen 5 bis 6 fromme, geile Ehepaare zwischen 18 und 35 Jahren, die über Chanukka mit uns in Manhattan ihre sexuellen Phantasien ausleben wollen. Seien Sie offen für vieles und mit vielen.« Interessierte wurden aufgefordert, Ganzkörperfotos einzuschicken und ihre sexuellen Präferenzen zu nennen. Außerdem sollten sie in der Lage sein, ihr Judentum zweifelsfrei zu belegen. Blumberg fragt sich immer noch, wie das wohl gehen sollte. Bei den Männern ist es ja einfach. Aber die Frauen? Mussten die in Strapsen und Spitzen-BH das Glaubensbekenntnis auf Hebräisch aufsagen?

In den USA gibt es auch jüdische Zocker. Blumberg hat mal auf DSF ein Pokerturnier aus Las Vegas gesehen, bei dem ein Spieler am Tisch eine Kippa aufhatte mit Spielkartenmotiven drauf. »Rabbi Steve« wurde er genannt. Aus Neugier hat Blumberg den Namen gegoogelt: Der Mann ist tatsächlich Rabbiner, sogar Professor an einer renommierten jüdischen Hochschule. Blumberg ist am nächsten Schabbat extra in die Synagoge gegangen, um es seinem Rabbi zu erzählen und ihm vorzuschlagen, das doch auch mal zu probieren, wo er sich doch ständig beklagt, dass sein Gehalt nicht reicht. Der Rabbi fand das nicht komisch. Das Judentum, hat er Blumberg gesagt, betrachtet Glücksspiel als unmoralisch. Die einzige Ausnahme sei staatliches Lotto, weil das Geld, das die Spieler dort verlieren, wohltätigen Zwecken zufließt. Blumberg hat daraufhin gleich einen Systemschein für 21 Euro ausgefüllt, aber nur 11,80 für drei Richtige wieder rausgeholt. Die verlorenen 9,20 Euro zieht er von der nächsten Spende für die Synagoge ab.

Epilog: Sonst noch Fragen?

Mit dem Judentum kennen Sie sich jetzt dank Herrn Blumberg
aus. Natürlich nicht in allen Einzelheiten. Ihr jüdischer Bekannter kann schließlich nicht alles wissen: »Heiß' ich Google?« So
bleiben diese spannenden Fragen, die im Internet kursieren,
leider unbeantwortet:

- Sind Überraschungseier koscher?
- War Elvis jüdisch? Wenn nicht, warum hieß er dann mit zwei-
  tem Vornamen Aron?
- Wird Ultraorthodoxen unter ihrer schwarzen Kleidung und
  den Hüten im Sommer nicht sehr heiß?
- Könnten intelligente Lebensformen von fremden Planeten
  theoretisch zum Judentum übertreten?
- Wenn jüdische Frauen sich im rituellen Tauchbad, der Mik-
  we, reinigen, schaut dann der Rabbi zu?

- Am Sabbat darf man keinen Stromkreis schließen, weil das Feuerzünden wäre. Was machen Juden, wenn sie dringend pinkeln müssen und das einzige Klo in der Nähe mit Elektrosensorspülung arbeitet?
- Gibt es außer Amy Winehouse noch andere berühmte jüdische Junkies?
- Ein Rabbi in Jerusalem hat erklärt, Giraffenfleisch sei koscher. Wie schächtet man die Tiere? Muss der jüdische Metzger, um die Halsschlagader zu durchtrennen, auf eine Leiter steigen?
- Auf dem alten jüdischen Friedhof in Prag liegen sieben Schichten Gräber übereinander. Wenn der Messias kommt und die Toten wiedererweckt, wie kommen dann die zuunterst Liegenden ins Freie?

Vielleicht schreibt jemand mal ein Buch darüber.

Dank

Die Idee zu diesem Buch entstand spontan bei einem Essen in Berlin mit dem Autor Simon Sebag Montefiore, Heidi Borhau und Peter Sillem vom S. Fischer Verlag. Wenn letzterer beim Lektorieren relativ wenige stilistische Holprigkeiten bearbeiten musste, ist das auch Beate Hinrichs (Köln) zu verdanken, die zuvor das Manuskript mit der ihr eigenen Akribie gegengelesen hatte. Beni Frenkel (Zürich) hat mich auf den Grundwiderspruch aufmerksam gemacht, dass kein anderes Volk wie das jüdische so viel Aufhebens ums Essen macht und gleichzeitig derart schlecht kocht. Ingeborg Faulkner (Berlin) wollte als langjährige Suchttherapeutin wissen, wie Juden es mit Alkohol, Nikotin und anderen Substanzen halten; daraus ist ein ganzes Kapitel entstanden. Dank an alle!

Martin Reichert
Wenn ich mal groß bin
Das Lebensabschnittsbuch für die Generation
Umhängetasche
Band 17946

»Eigentlich sollten wir erwachsen werden« – so lautet der
Wahlspruch der Generation Umhängetasche. Aber warum
tun wir uns so schwer damit? Warum ist es so kompliziert,
spießig oder schrecklich, Verantwortung zu übernehmen,
sich eine feste Anstellung zu suchen oder sogar eine Familie
zu gründen?

Martin Reichert gibt Hilfe zur Selbsthilfe und zeigt, wie es
zu schaffen ist, ohne dass man sich selbst oder seine Ideale
verrät!

Fischer Taschenbuch Verlag

Stefan Kuzmany
Gute Marken, böse Marken
Einkaufen ohne schlechtes Gewissen!
Band 17582

Rette ich die Welt (oder wenigstens den Regenwald), wenn ich Döner esse anstatt zu McDonald's zu gehen? Ist es moralisch eher zu vertreten, sweatshop-freie Kleidung eines Unternehmens zu tragen, in dem sexuelle Belästigung an der Tagesordnung ist? Oder lieber doch Klamotten, die von Kindern genäht wurden? Und muss sich Lotte, das vermeintlich glückliche Biohuhn, in Wirklichkeit als Sklavin in einer Brandenburger Legebatterie verdingen?

Stefan Kuzmany ist all diesen Fragen im Selbstversuch nachgegangen und zeigt, dass richtig Konsumieren gar nicht so leicht, aber machbar ist. Und dass es äußerst unterhaltsam sein kann, darüber zu lesen.

Fischer Taschenbuch Verlag